예민함을 가르칩니다

예민함을 가르칩니다

교실을 바꾸는 열두 가지 젠더 수업

초판 1쇄 발행 2018년 9월 19일
초판 5쇄 발행 2021년 12월 1일

지은이	초등젠더교육연구회 아웃박스
	구예형 김수진 이선희 이예원 황고운
펴낸이	이영선
책임편집	이현정
편집	이일규 김선정 김문정 김종훈 이민재 김영아 김연수 이현정 차소영
디자인	김회량 이보아
독자본부	김일신 정혜영 김민수 박정래 손미경 김동욱

펴낸곳 서해문집 | 출판등록 1989년 3월 16일(제406-2005-000047호)
주소 경기도 파주시 광인사길 217(파주출판도시)
전화 (031)955-7470 | 팩스 (031)955-7469
홈페이지 www.booksea.co.kr | 이메일 shmj21@hanmail.net

이 도서의 국립중앙도서관 출판예정도서목록(CIP)은 서지정보유통지원시스템 홈페이지(http://seoji.nl.go.kr)와 국가자료공동목록시스템(http://www.nl.go.kr/kolisnet)에서 이용하실 수 있습니다.(CIP제어번호: CIP2018028106)

예민함을 가르칩니
다

교실을 바꾸는
열두 가지
젠더 수업

초등젠더교육연구회
아웃박스

서해문집

머리말

"첫 책으로 《우리는 모두 페미니스트가 되어야 합니다》어때?"

저희는 같은 학교에서 근무하던 동료였습니다. 2016년이 시작될 무렵 가벼운 마음으로 교사 독서 모임을 시작했지요. 그저 얇은 신간이라는 이유로 고른, 40대 나이지리아 흑인 여성이 쓴 이 책이 문장마다 모두의 공감을 불러일으키는 것은 이상한 일이었습니다. 작가와 저희의 공통점이라고는 여성이라는 것 하나밖에 없었으니까요. 책은 그동안 개인적인 경험이라고 여겨 온 많은 불편함들이 사실은 사회적인, 아니 세계적인 문제일 수 있다는 생각을 하게 해 주었습니다.

다른 일이 없었다면 그렇게 책 읽는 모임을 계속 이어 갔을지도 모릅니다. 고민은 고민대로, 일은 일대로 분리된 채로요. 하지만 같은 해 봄, 강남역 살인 사건이 일어났습니다. 개인적인 불편함이 직접적인 위협으로 다가오게 된 계기였습니다.

그제야 저희의 고민들이 단순하지도, 사소하지도 않으며 시급히 바뀌어야 할 문제임을 깨달았습니다. 한국 사회의 성차별에 대한 대화와 토론을 거듭하며 한 해를 보내다 2017년 1월, 저희는 스스로에게 새로운 제안을 했습니다.

"성 불평등 문제를 교육으로 풀어 보자."

우리 사회의 고민을 아이들과 나눈다는 건 설레는 일이었지만 아무 얘기나, 아무렇게나 할 수는 없었습니다. 수업에 무턱대고 적용하기 전에 먼저 아이들과 어디부터 어디까지, 얼마나 논의를 할 것인지 고민해야 했습니다. 관련 논문을 찾고 책을 읽으며, 서로 복잡하게 뒤얽혀 있는 개념들의 의미를 짚고 연결 고리를 찾아 나갔습니다.

그 결과, 성별에 대한 고정관념이 성 역할을 만들고 그것들이 실제로 누군가를 배제하는 근거가 될 때 성차별이 일어난다는 점에 주목하게 되었습니다. 성차별은 사회·문화적으로 구성된 성 역할Gender에 기반한 문제이기에, 이를 개선하려면 우리가 무의식중에 '자연스럽다'고 여겨 온 젠더에 대한 인식과 문화를 재고해 봐야 한다고 생각했습니다. 그러려면 일상 속의 성 고정관념을 인지하는 민감성, 그리고 성차별적 시각을 바로잡으려는 마음가짐이 필요했습니다. 이것이 바로 젠더 감수성Gender Sensitivity입니다. 저희는 아이들에게 우리 사회를 조금 더 성평등한 공간으로 만들어 갈 수 있는 열쇠를 주기로 했습니다. 나에게 성 고정관념이 있다는 것을 알기, 주어진 성 역할로부터 자유로워지기, 더 나아가 사회의 성차별을 느끼고 바꿔 보기. 저희가 생각한 젠더 감수성 수업입니다.

쉽지만은 않았습니다. 수업을 준비할 때마다 '이제 아이들이 달라지겠지' 하며 기대감에 부풀었다가도, 저희의 바람과는 달리 젠더 교육이 아이들의 삶과 분리되어 있음을 종종 확인하곤 했습니다. 수업에선 '정답'을 술술 발표하던 아이들이 쉬는 시간에 곧장 혐오 발언을 주고받을 때는 마음이 더 아파 왔습니다. 하지만 못된 아이들이어서가 아니라 그렇게 생각하고 말하는 것이 습관이 되었기 때문이라고 생각했습니다. 아주 어릴 적부터 부모님과 선생님, 주변 어른들과 TV를 통해 들어 온 것들이 더 익숙한 건 당연한 일입니다. 결국 교사이자 어른인 저희의 젠더 감수성을 돌이켜 보고 지난 말과 행동을 반성하는 일이 먼저였습니다. 꾸준히 공부하고, 수업뿐만 아니라 평소의 언행을 점검하고, 학급 운영 속에 성차별적 요소들이 없는지 짚어 보기도 했습니다.

언뜻 지나가는 아이들 농담 속에 성 고정관념이나 조롱의 의미가 담겨 있으면 즉시 이야기했습니다. "남자애들이 놀려요."라고 말할 때는 "준호, 재훈이가 놀려요."라고 고쳐서 말해 보자고 제안했습니다. 습관처럼 "얘 게이네!" 한 뒤 "아차!" 하며 자신의 실수를 인식하면, 그것만으로도 멋지다는 의미로 빙긋 웃어 주었습니다. 선생님이 중요하다고 믿는 가치는 아이들도 중요하다고 여기게 되지요. 효과는 천천히 나타났습니다. 스스로 깨달을 때까지 기다리는 동안, 아이들은 차츰 자신의 말 속에 든 생각을 들여다보는 연습을 하게 되었습니다.

일 년간의 젠더 감수성 수업은 놀라운 변화로 이어졌습니다. 많은 아이들이 스스로 남녀의 틀에서 벗어나기 시작했습니다. 글씨가 삐뚤빼뚤한 여자아이도 스트레스 받지 않고 자신감을 가졌고, 운동을 못하는 남자아이도 움츠러드는 대신 자신의 다른 장점을 자랑스러워했습니다. 또 서로를 타고난 그대로 인정하고 존중하며 성별 구분 없이 함께 어울렸습니다. 항상 농담처럼 주고받던 외모 놀리기나 '응~ 니 애미~' '장애인' '돼지년' 같은 말을 하지 않게 되었습니다. 사소한 말이라도 차별인지 아닌지 경계하며 서로 상처 주지 않으려고 노력합니다. 젠더 교육을 통해 인권, 차별, 존중이 무엇인지 배우고, 차별받는 대상의 입장이 어떤지 공감하고 이해했기 때문입니다.

이런 긍정적인 변화를 공유하고 싶은 마음으로 책을 엮었습니다. 학생과 교사가 함께 일상 속 편견과 성차별적 사고를 인식하고 반성하고 개선해 나가며 성장하는 과정을 담았습니다. 주제에 대한 흥미와 수준을 고려해 적절하다고 판단한 학년을 대상으로 수업했으나 학년 수준과 학급 여건에 맞게 조정할 수 있습니다. 거창하게 일 년 치 교육과정을 재구성하지 않으셔도 좋습니다. 마음에 드는 소재를 골라 재미있어 보이고 만만한 수업 한번 도전해 보시면 어떨까요?

성평등한 사회를 만드는 건 무척 어려운 일이지만 거대한 변화는 가장 작은 곳에서 옵니다. 교실에서부터 작은 변화를 이끌어 낸다면 불가능하기만 한 일은 아니리라 생각합니다. 이 책을 읽어 나가는 동안, 그간 당연했던 일들이 생소하게 느껴지는 경험을 하실 수 있었으면 좋겠습니다. 그로부터 선생님 삶에도 작은 변화가 먼저 찾아오기를, 그 변화가 아이들에게도 번져 나가기를 감히 기대해 봅니다.

전폭적으로 지지하고 지원해 주신 교장 선생님, 교감 선생님, 다양한 관점에서 조언해 주시고 동참해 주신 동료 선생님들, 교사보다 더 유연하게 생각하는 우리 학생들, 아낌없는 응원과 도움을 주신 보호자님들, 성평등을 위한 젠더 교육의 필요성에 공감하며 저희에게 손 내밀어 책이 세상에 나오게 해

주신 편집자님께 감사의 말을 전합니다. 마지막으로 아이들이
성별로 자신을 한계 짓지 않기를 바라는 모든 선생님들께 이
책을 바칩니다.

초등젠더교육연구회

아웃박스

차례

+ 여자답게,
남자답게
대신
나답게

+ 1

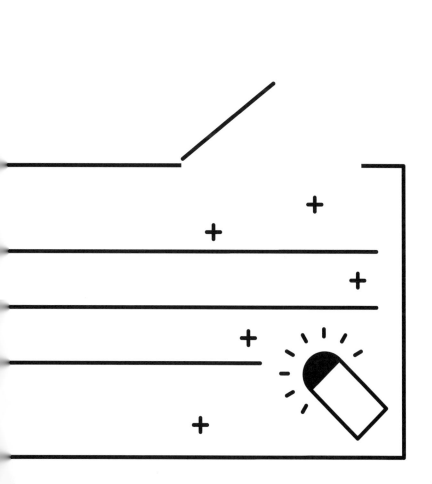

있는 그대로의
우리 되기

구예형

3
학년

가장 자유로웠던 시절

어릴 적 내 사진들을 보면 난리도 아니다. 동생 머리에 우유를 붓는 사진, 온몸에 물감을 바르며 노는 사진, 물총을 들고 뛰어다니는 사진⋯. 호기심이 많아서 가만히 있지를 못했다. 백화점에 가면 이것저것 만지다가 물건을 깨기 일쑤였고 음식점에 가면 서랍을 몽땅 뒤졌다. 장난은 또 어찌나 짓궂었던지 하루도 그냥 지나가는 날이 없었다. 유치원 시절에는 친했던 남자아이와 놀다가 쌍코피를 터뜨리기도 했고, 싸우다가 울려서 선생님께 혼나기도 했다. 그야말로 천방지축에 사고뭉치였다.

초등학교에 들어가서도 마찬가지였다. 아침마다 벌어지는 우유 빨리 마시기 시합에서 나를 이길 사람은 없었다. 쉬는 시간마다 팔씨름을 겨루었고 나는 반에서 2등이었다. 1등은 반의 '싸움 짱'이었다. 대신 방과 후 우리 동네 골목대장은 나였다. 놀이터에서 잡기 놀이를 하거나 군대놀이를 했다. 남자아이들과 자전거 타기 시합을 했고 둘둘 만 신문지에 테이프를 감아 칼싸움을 했다. 해적선 레고와 퍼즐이 닳도록 가지고 놀았고 매일 저녁 외계인과 복제 인간이 나오는 책을 읽어 달라고 어머니를 졸랐으며 가장 좋아하는 색은 파란색이었다. 물론 반짝거리는 공주 액세서리와 요술봉, 인형도 좋아했다. 다만 불이 들어오는 알라딘 칼과 조립식 로봇도 무지하게 좋아했을 뿐이다. 뛰어놀기 위해 항상 바지를 입었고 무릎과 팔꿈치는 원래 상처가 안 낫는 곳인 줄 알았으며 장난은 영원히 멈출 수 없을 것 같았던 시절이었다.

중고등학교를 다닐 때도 매일 교복 치마를 입고 신나게 뛰어다녔다. 친구와 학교 나무에 올라가 모과를 땄으며, 담장을 넘나들었다. 그러던 나에게 사춘기가 왔다. 어느 날 허리를 똑바로 펴고 앉으라는 선생님의 말대로 했을 뿐인데 "너는 여자가 왜 상체가 역삼각형이야?"라는 호통을 들었다. 이 일을 계기로 나는 여성성과 남성성에 대해 진지하게 생각했다. 그 호통은 '너는 여자인데 여자 같지 않잖아. 부끄러운 줄 알아'라는 의미로 들렸던 것이다. 나는 내가 여자라는 범주 안에 드는 사람인지, 그 범주에 들려면 어떻게 해야 하는지 고민하게 되었다. 그리고 그 고민은 오래도록 이어졌다.

대학을 졸업하고 본격적으로 사회생활을 하며 '여자다워지기' 위해 노력했다. 소개팅에서는 '여리여리'하고 얌전해야 남자들의 호감을 샀고, 직장에서는 참하고 조신해야 어른들의 인정을 받았기 때문이었다. 여성스러운 옷들을 사고 화장도 그렇게 했으며 행동거지도 그렇게 했다. 그리고 마침내 거의 성공했다. 이제 여성스럽게 보일 뿐만 아니라 그러한 취향을 가진 사람이 되었다. 그 취향이 나의 순수한 기호인지 혹은 길들여진 익숙함인지 이제는 잘 모르겠다. 어찌 되었든 나는 더 이상 왈가닥이 아니다.

하지만 몸 곳곳엔 놀다 다쳤던 상처들이 여전히 남아 있다. 그 상처들은 가장 자유로웠던 시절에 내가 어떤 사람이었는지 잊지 않게 해 준다. 내가 남자였다면 사람들은 그저 활발하고 유쾌한 남자아이라고 말했을 것이다. 성 고정관념이 이렇게 견고하지 않았다면 지금의 나는 조금 더 자유롭지 않았을까.

많은 사람들은 성별에 따라 정해진 특징들이 있다고 혹은 있어야 한다고 생각한다. 다 큰 어른들만 그렇게 생각한다면 오히려 다행이라 여겼을지도 모르겠다. 학교에서 아이들과 함께 생활하다 보면 꼭 듣는 말이 있다.

"여자랑 남자 따로 나누어서 하면 안 돼요?"

"쟨 여자라서 안 돼요. 우리 팀 망해요."

"넌 남자가 되어 가지고 왜 맨날 우냐?"

사회적 관습과 앞 세대의 성 고정관념은 고스란히 아이들에게 전해졌고, 아이들이 여자다움, 남자다움을 스스로에게 강요하게 한다. 안타깝다. 우리 반에는 남자보다 축구를 더 잘하고 달리기도 더 빠른 여학생들이 있다. 그리고 여학생보다 애교가 많고 더 조용한 남학생들도 있다. 사실 대부분의 사람들은 생물학적인 성에 상관없이 다양한 특징들을 동시에 지닌다. 그렇다면 애초에 사람의 특징을 여성적인 것과 남성적인 것으로 나누는 일이 무슨 의미가 있을까.

성은 정체성을 구성하는 한 요소일 뿐 정체성을 형성하기 위한 나침반이 아니다. 누구나 여자로서 남자로서가 아닌 있는 그대로의 한 '사람'으로서 존중받아야 한다. 그 누구도 타인에게 정체성을 강요할 권리는 없다. 정체성을 형성하는 것은 온전히 개인의 자유다. 나는 그 자유를 아이들에게 되찾아 주기로 했다.

근데 쟤는
여자예요, 남자예요?

아이들은 학교에서 쉬는 시간마다 남녀 할 것 없이 어울려 논다. 수업 중에는 남녀가 섞인 모둠에서 협동하며 공부한다. 그런 어린이들도 한 사람의 성별을 판단 내릴 만큼 고정관념들을 가지고 있을까? 그것들이 고정관념이라는 건 어떻게 깨닫게 할 수 있을까? 아이들이 성별에 따른 이분법적 프레임에서 벗어나 타인과 자신을 있는 그대로 바라보게 하고 싶었다. 자신을 탐구하는 기회일 뿐만 아니라 '너'도 이해하며 서로 존중하고 배려하는 계기가 되기를 바랐다. '나 교육' 수업은 이런 고민 끝에 기획되었다.

수업은 A회사의 광고 영상으로 시작했다.[1] 이 영상은 일반적으로 말하는 여성적인 특징과 남성적인 특징을 골고루 가지고 있는 주인공이 하루를 보내는 모습을 담고 있다. 아이들은 이 사람을 여자라고 생각할까, 남자라고 생각할까? 이 사람의 성별은 어떤 근거로 판단할까? 이 사람에 대해 무엇을 더 알고 싶어 할까? 구체적인 정보를 얻기 위해 영상을 짧게 멈춰 가면서 확인했고, 영상을 본 뒤 주인공의 특징을 찾아 학습지에 적게 했다.

머리가 짧다.

갈색 신발을 신었다.

자전거를 타고 다닌다.

바닥 아무 데나 앉는다.

곤충을 좋아한다.

분홍색 안경을 썼다.

남자인 친구가 있다.

민트색 매니큐어를 발랐다.

밝은 색을 좋아한다.

호기심이 많다.

귀걸이를 꼈다.

번개 모양을 좋아한다.

글씨가 예쁘다.

힘이 세다.

눈이 크다.

활기차고 모험을 좋아한다.

털털하고 자연을 좋아한다.

바지를 입었다.

주인공의 특징을 한 가지씩 발견할 때마다 반 전체가 활발한 대화의 장으로 바뀌었다.

"쟤 지금 혼자 나무에 올라간 거야?" "예쁘게 생겼는데 누가 시켰나?" "생긴 건 그래도 용기가 있으니까 그런 거지."

관찰 초반에는 각각의 특징에 대한 말들이 주를 이루었다. 그런데 영상을 주의 깊게 보다 보니 궁금증이 생기기 시작한 모양이었다.

"쟤는 저런 옷 입고 왜 바닥에 아무 데나 앉아?" "손톱에 매니큐어를 발랐는데 왜 머리는 짧아?" "털털한 것 같은데 귀걸이는 왜 했지?"

수많은 궁금증 끝에 아이들의 입에서 나온 말은 "근데 쟤는 여자예요, 남자예요?"였다.

'결국 이 말이 나오는구나. 아이들은 성별을 통해 사람을 이해하는 것이 더 편한 것일까' 수업은 기획한 대로 흘러갔지만, 안타까운 마음은 어쩔 수 없었다.

아이들의 마지막 질문에 대한 대답으로 다음 활동을 이어 갔다. "주인공의 성별을 알 수 있겠어요?" 아이들은 대부분 알 것 같다고 대답했다. 수업 말미에서 한 번 더 살펴볼 요량으로, 찾아낸 주인공의 특징들을 바탕으로 성별이 무엇일지 생각해 학습지에 써 보자고 했다. 아이들은 아리송해하기도 했지만 곧 남성적인 특징이 얼마나 있느냐 혹은 여성적인 특징이 얼마나 있느냐에 따라 주인공의 성별을 판단했다.

- 주인공은 여자다. 왜냐하면 분홍색 안경을 쓰고 노란색 헬멧을 쓰고 있기 때문이다. 또 속눈썹이 길었고 민트색 매니큐어를 바르고 있었다.
- 주인공은 여자다. 왜냐하면 파스텔 톤의 색깔을 좋아하고 분홍색 안경을 쓰고 있고 매니큐어를 바르고 있기 때문이다. 남자는 분홍색 안경을 쓰지 않고 매니큐어도 바르지 않는다.

- 주인공은 여자다. 왜냐하면 목소리가 높고 머리카락 색이 연하며 꼼꼼하기 때문이다. 그리고 여자가 좋아하는 색깔을 좋아한다.

- 주인공은 남자다. 왜냐하면 아빠 구두 같은 구두를 신었고 용감하고 번개 모양을 좋아하고 힘이 세고 털털하기 때문이다.

- 주인공은 남자다. 왜냐하면 남자들이 주로 하는 행동을 했기 때문이다. 주인공은 털털하고 용감했고 주로 운동 같은 행동을 했다.

- 주인공은 남자다. 왜냐하면 털털하고 남자처럼 시크했기 때문이다. 얘는 뭔가 남자처럼 힘도 세다. 여자들은 더러운 곳을 싫어하는데 얘는 더러운 곳이라도 그냥 앉는다.

주인공의 성별을 판단한 이유 중 '여자가 좋아하는 색깔' '아빠 구두' '남자들이 하는 행동' 등의 표현이 보였다. 아이들은 이미 성 고정관념을 가지고 있었고, 이를 바탕으로 한 사람의 성별을 판단했다.

누구든
축구할 수 있어!

'여자 같은' 특징과 '남자 같은' 특징이 정해져 있는 게 아니라는 점을 알려 주려면 남자든 여자든 누구나 여러 가지 특징들을 골고루 가지고 있다는 것을 인지하게 할 필요가 있었다. 이를 시각적으로 전달하기 위해 색깔이 있는 스티커를 활용했다. 스티커에는 영상 속 주인공의 특징들 외에 몇 가지 특징을 더 추가했다.

달리기를 좋아한다.

바지를 입는다.

키가 칠판에 표시된 선보다 크다.

파란색을 좋아한다.

씩씩하다.

글씨를 잘 쓴다.

적극적이다.

안경을 꼈다.

수학을 잘한다.

반장을 맡으면 잘할 수 있다.

책 읽기를 좋아한다.

나는 멋지다.

미술을 좋아한다.

노란색을 좋아한다.

요리에 관심이 많다.

그림을 잘 그린다.

염색을 했다.

말이 적은 편이다.

축구를 한다.

꼼꼼하다.

말투가 부드럽다.

여자 친구들과 논다.

바닥에 주저앉아 논다.

털털하다.

곤충에 관심이 있다.

자전거를 잘 탄다.

장난치는 것을 좋아한다.

춤추는 것이 좋다.

만화를 좋아한다.

동물 키우기에 관심이 있다.

목소리가 크다.

친구를 잘 도와준다.

줄넘기를 한다.

위와 같은 특징이 적힌 파란색 스티커는 여자아이들에게 나누어 주었고 같은 내용이 적힌 하얀색 스티커는 남자아이들에게 나누어 주었다. 아이들은 신이 나서 자신에게 해당하는 특징이 적힌 스티커를 몸 이곳저곳에 붙이기 시작했다. 몇몇 장난꾸러기들은 머리와 얼굴에도 온통 스티커를 붙였다. 주어진 스티커의 대부분을 몸에 붙인 아이도 있었고 스티커의 절반도 붙이지 않은 아이도 있었다. 특징 스티커를 고르는 데 유난히 소극적인 아이들의 경우에는 그 아이를 잘 아는 친구들이 도와주었다. 친한 친구가 그 아이에게 해당하는 특징 스티커를 골라 주는 것이다. 그렇게 몸에 붙인 특징의 개수가 어떻든 여자아이들에게는 파란색 스티커만, 남자아이들에게는 하얀색 스티커만 붙어 있는 상태가 되었다.

이번에는 온몸이 스티커로 감싸인 아이들에게 말했다. "자신과 같은 특징을 가진 다른 성별의 친구와 스티커를 바꿔서 붙여 보세요."

성별은 다르지만 나와 같은 특징을 가진 친구를 찾으면 내가 가진 스티커의 색깔은 다른 성별을 나타내는 색깔이 된다. 이는 곧 해당 특징은 여자와 남자가 모두 가질 수 있다는 것을 의미한다. 활동이 진행됨에 따라 아이들의 몸에 붙어 있는 스티커의 색깔은 서서히 바뀌어 갔다.

충분한 시간이 흐른 뒤 활동을 멈추고 각자의 몸을 보게 했다. 아이들 몸에 붙은 스티커의 색깔은 제각각이었다. 모든 스티커의 색깔이 처음과 달라진 경우도 있었고 파란색과 하얀색이 섞인 경우도 있었다. 몸에 붙은 스티커를 떼어 도화지에 옮겨 붙이도록 하니 스티커의 색깔이 눈에 더 잘 띄었다.

특징들이 붙은 도화지를 책상 위에 두고, 다른 친구들의 도화지에는 어떤 색깔들이 있는지 자유롭게 살펴본 후 도화지의 주인공이 누구일지 맞춰 보게 했다.

"넌 파란색이 엄청 많네." "이건 누구 건지 진짜 모르겠다. 거의 반씩 섞여 있어." "너도 축구할 줄 알아?"

여태껏 알아 온 친구의 새로운 면을 발견한 아이들은 흥미로워했다.

진짜 나를
소개합니다

마지막으로, 도화지를 친구들에게 보여 주면서 자신은 어떤 사람인지 소개하기로 했다. 스티커를 도화지에 붙이는 것에서 나아가 스티커 속 특징들을 직접 소개하면 자신에 대해 깊이 있게 생각하는 기회가 될 것 같았다. 자신을 다른 사람들에게 드러낼 때, 스스로를 있는 그대로 사랑하는 마음과 용기를 기를 수 있을 것이라는 생각도 있었다.

아이들은 다른 친구들에게 자신을 열심히 소개하기 시작했다. 특징 스티커 중 '축구를 한다'를 가지고 있던 한 여학생은 다른 친구들에게 자신도 축구를 한다며 자랑스러운 목소리로

이야기했다. 그러자 축구를 좋아하는 학생들이 그 학생에게 다가갔고, 축구 이야기를 신나게 주고받기 시작했다. 아이들은 이때껏 친하지는 않았지만 자신과 같은 특징을 가진 친구들과 대화하고 공감하며 즐거워했다.

이번에는 스티커 색깔에 대해 생각을 나누어 보기로 했다.

"스티커 색깔이 처음과 전부 달라지거나 두 가지 색깔이 섞였다는 것은 어떤 의미가 있을까요?"

"저는 색깔이 전부 다 바뀌었는데요, 그건 여자 친구들도 저와 같은 특징이 있기 때문인 것 같아요."

"저는 색깔이 섞여 있어요. 그런데 애도 그래요. 저희는 성별은 다른데 둘 다 색이 섞여 있어요."

"여자나 남자나 다 자신만의 특징을 가지고 있는 것 같아요."

성별에 따라 특징이 정해져 있는 것이 아니라는 것을 깨달아 가는 모습을 보고, 수업 초반에 했던 학습지를 다시 꺼냈다. 아이들은 웅성웅성하기 시작했다.

"내가 왜 이렇게 적었지?"

"주인공 성별을 어떻게 알았던 거지?"

"이거 다시 고쳐서 써도 돼요?"

"내가 고정관념을 갖고 있긴 했네. 이거 봐. 다 그래."

자신이 쓴 이유에서 고정관념이 드러난 부분을 찾아 짝과 이야기하기도 했다.

"그러고 보니 영상에서 성별을 말해 주지도 않았어."

"아무 데나 앉고 자전거를 많이 타는 것도 여자든 남자든 다 할 수 있는 건데."

"여자도 털털할 수 있지."

"난 남자만 곤충 좋아하는 줄 알았어. 근데 우리 반 여자애들도 곤충을 많이 좋아하더라. 여자 남자 상관없는 거였네."

저희들끼리 이야기하며 성 고정관념을 찾아내는 모습은 놀라웠다. 다른 사람의 잘못을 지적하는 것은 쉬울지 몰라도 스스로의 잘못을 깨닫는 것은 어렵다. 하지만 학생들은 그 어려운 것을 짧은 시간 동안 해 냈다. 눈높이에 맞춰 이해를 도우면 이렇게나 빨리 반응하는 것이 바로 아이들이다.

정말로 아이들의 성 고정관념에 변화가 생겼다면, 변화가 생기기 전에 보여 주었던 영상에 대한 반응은 어떻게 달라질까. 처음에 던졌던 질문을 똑같이 다시 했다. "영상 속 주인공의 성별을 맞힐 수 있나요?" 이번에는 다른 대답이 돌아왔다.

"도저히 모르겠어요."

"특징이 여자다운 것, 남자다운 것으로 정해진 게 아니니까 알 수가 없는 것 같아요."

　　조금 다른 질문도 던져 봤다. "만약 예림이의 성별을 모르는 누군가가 예림이의 털털한 행동을 보고 '예림이는 남자구나'라고 한다면 어떤 생각이 드나요?"

　　"예림이가 운동을 잘하고 털털하지만 그렇다고 예림이를 남자라고 할 수는 없죠."

　　"예림이보다 현수가 더 꼼꼼하고 애교 있다고 해서 현수가 여자인건 아니잖아요."

　　아이들의 말을 받아 내가 물었다. "그렇다면 예림이는 여자니까 그에 맞게 행동해야 한다고 말하는 것은요?

　　"그건 자기 마음 아니에요?"

　　"그런 행동은 정해져 있는 것이 아닌 것 같아요."

　　"오늘 영상 주인공만 봐도 그렇잖아요."

　　여자나 남자라는 말은 우리의 모든 것을 말해 주지는 않는다. 또 성별에 따라 그에 맞게 살아야 하는 것도 아니다. '나는 어떤 사람인가'라는 질문에 대한 답, 즉 정체성을 형성해 가는 것은 개인의 자유다. 있는 그대로의 자신으로 자유롭고 행복하게 사는 세상을 꿈꾼다.

더 이상
여자 대 남자로
겨루지 않는 교실

수업을 마치고 자투리 시간을 활용해 도화지에 붙인 특징을 담고 있는 자신의 모습을 간단히 그려 보게 했다. 외모 역시 현재의 모습에 구애받지 않고 자신을 더 잘 드러낸다고 생각하는 모습으로 나타내기로 했다. 이를 설명하기 위해 예를 들었다.

"선생님은 여자지만 운동을 좋아하고 목소리가 낮아서 남성적인 특성도 많다고 할 수 있어. 그래서 선생님 모습을 그린다면, 운동복을 입은 채 공을 들고 있고 머리카락이 짧은 사람을 그릴 거야."

그랬더니 한 아이의 대답이 돌아왔다.

"그건 여자의 특징도 남자의 특징도 아니지 않아요? 그런 것은 없잖아요."

아무리 예를 들기 위해 특징을 구별해서 말했다고는 하지만, 내 자신이 부끄러워졌다. 그리고 수업에 이토록 빠르게 반응하는 아이들이 놀라웠다.

나에게도 변화가 생겼다. 성 고정관념을 깨도록 돕는 역할에서 나아가 스스로도 더욱 발전하자고 다짐한 것이다. 그래서 학급에 몇 가지 변화를 주었다. 그중 하나가 모둠 구성이었다. 이전에는 남녀 성비를 비슷하게 맞춰 모둠을 구성했다. 그것이 '공평'한 것이라 생각했기 때문이다. 내가 생각했던 공평한 것이란 도대체 무엇이었을까.

이번에는 남녀 성비를 맞추지 않았다. 제비뽑기를 통해 무작위로 구성했다. 어떤 모둠은 남자아이들만으로 구성되었고 어떤 모둠은 여자아이 세 명에 남자아이 한 명으로 구성되기도 했다. 홀로 다른 성별일 경우 아이들은 "모둠 바꿔 주세요!"라고 외치며 모둠 내에서 소극적으로 행동하기도 했지만 시간이 흐르자 예전과 같이 활발하고 협동적인 모둠 활동이 진행되었다. 모둠만 무작위로 구성했을 뿐인데, 이런 변화는 아이들의 태도에도 영향을 미쳤다. 더 이상 여자 대 남자로 겨루는 경우는 없어졌다. 팀을 어떻게 나누든 "여자 남자 그런 게 어딨어~!"라는 말이 여기저기에서 들렸을 뿐이다.

짧은 수업으로 아이들이 성 고정관념을 모두 버리고 편견 없이 세상을 바라보게 할 수는 없다. 하지만 수업은 분명 큰 영향을 미쳤고 아이들뿐만 아니라 교사인 나의 변화까지 이끌어냈다. 조금 더 다채롭고 조금 더 열린 마음이 씨앗이 되어 언젠가 모두를 위한 꽃을 활짝 피울 수 있기를 기대해 본다.

젠더리스
완구를 부탁해

이예원

장난감에도
성별이 있다

매주 월요일, 우리 반은 주말에 있었던 일을 이야기하며 한 주를 시작한다. "파주에 놀러 갔어요!" "맛있는 치킨을 먹었어요!" "친구네 가족이랑 놀았어요!" 신나게 발표하는 다른 아이들과 달리 지민이는 잔뜩 속상한 표정으로 말했다.

"어제 부모님이 장난감을 사 주신다고 해서 마트에 갔어요. 그런데 제가 고른 로봇이 남자아이가 갖고 노는 거라며 로봇 대신 여자아이용이라고 적힌 인형을 사 주셨어요."

로봇을 사지 못한 지민이가 안타까웠지만, 부모님을 탓할 수도 없는지라 내가 지민이에게 해 줄 수 있는 말은 "정말 속상했겠어요." 뿐이었다.

지민이 한 명만의 경험일까. 마트나 문구점에서는 여아용 장난감과 남아용 장난감을 구분해서 판매하고 있다. 남자는 로보카폴리, 여자는 바비 인형. 같은 모양인데 분홍색으로 포장한 것은 여아용, 파란색으로 포장한 것은 남아용. 사실 장난감뿐만이 아니다. 태어나면서부터 많은 물건의 색을 성별에 따라 결정하곤 한다. 아기가 딸이면 분홍색 원피스를 입혀 주고 아직 얼마 자라지도 않은 머리엔 '나 공주예요!'라고 알려 주듯 레이스로 장식한 머리핀을 달아 준다. 반면 아기에게 리본이나 장식이 없는 푸른 옷을 입혔으면 으레 '남자아이구나' 하고 여긴다.

이렇게 아이들은 자신의 취향이 미처 생기기도 전에 분홍색, 파란색에 갇힌 채 자라난다. 학교에 입학해서도 계속된다. 미니 빗자루, 실내화 주머니, 가방 등에서 확연하게 드러나는 사회의 성 고정관념은 성차별로 이어진다. 남자아이가 분홍색 가방이라도 메고 오는 날에는 "분홍색 가방은 여자 거야. 네가 여자야?" "남자가 분홍색 가방을 메고 왔대!"라며 놀림거리가 되고 만다. 이 아이는 이제 어떤 분홍색 물건도 들고 오지 못할 것이다.

사회가 아이들에게 성 고정관념을 물려준 것이 아니라 성별에 따라 본능적으로 선호하는 색이 다른 것이 아니냐는 의문이 들 수 있다. 실제로 과거에 남아는 색채를 인지하면서부터 파란색에 끌리고 여아는 분홍색에 반응한다는 주장이 많았다. 하지만 이러한 주장은 학술적으로 이미 오류라고 판명되었다. 미국 메릴랜드대학의 조 파올레티에 따르면, 1970년대까지만 해도 핑크와 블루는 완구 시장을 지배하는 두 가지색깔이 아니었다.[2] 성별에 따라 색을 분리한 건 기업들의 시장확대 전략이었다. 오빠의 장난감을 여동생이 물려받지 못하게해서 기업의 수입을 늘리고자 했던 것이다. 부모의 이중 지출을 유도한 기업의 전략은 성공적이었고 '여자는 핑크, 남자는블루'라는 공식은 이제 모두에게 당연한 것이 되었다.

장난감의 색뿐 아니라 종류도 성별에 따라 구분되어 있다. 여아용 완구로 분류된 장난감들은 마론 인형과 봉제 인형, 화장 놀이 세트, 보석함 등이다. 반면 남자아이들에게는 미니카, 로봇, 장난감 총을 주로 판매한다. 로봇을 갖고 노는 것과 인형을 갖고 노는 것이 크게 문제일까 싶기도 하다. 그러나 아이들이 장난감을 갖고 노는 모습을 들여다보면 이야기가 달라진다. 장난감의 차이는 놀이의 차이로 이어진다. 여자아이들은옷 입히기, 인형 놀이 등 대부분 예쁘게 꾸미거나 보살피는 역할을 하게 된다. 반대로 장난감 총싸움 놀이, 로봇 조립, 미니카 경주 등 신체를 움직이는 역동적인 놀이는 남자아이들 차지다.

캘리포니아대학 교수이자 사회학자인 엘리자베스 스위트의 연구 결과에 따르면 젠더별 완구는 아이들의 놀이 취향과 방식을 만들며, 아이들 자신의 취향, 능력을 마음껏 펼치고 탐험하는 데 제한을 가한다.[3] 아이들은 '남성성'과 '여성성'이 강조된 완구를 가지고 노는 과정에서 성 고정관념을 받아들이며 '남자아이'와 '여자아이'가 되는 것이다. 단순히 노는 줄로만 알았던 상당한 시간 동안 많은 아이들이 사회의 성 고정관념을 바탕으로 자아를 형성하고 있었다. 어른들이 쥐여준 장난감을 통해.

학교 현장에 있으면 아이들끼리도 "너는 남자앤데 왜 핑크색 공책을 갖고 있어?" "글씨만 보면 여자애가 쓴 줄 알겠다." 라며 상처를 주는 모습을 종종 볼 수 있다. 어른들에게서 차별받은 경험이 쌓여 성 고정관념이 내면화된 결과다.

누가 어떤 색의 가방을 메고 오더라도 존중받을 수 있으려면 어떻게 해야 할까. 아이들의 취향이 성별로 제약받지 않도록, 그래서 젠더에 갇힌 사고방식으로부터 자유로워지길 바라며 장난감 주인 찾기 놀이를 바탕으로 한 수업을 구성했다.

007 시크릿 토이

― 누구의 장난감일까?

아이들은 누가 어떤 장난감을 가져오는지 몰라야 했다. 그래서 수업 전날 다음과 같이 알림장으로 안내했다.

1. 아끼는 장난감 1~2개 가져오기
2. 장난감을 내는 것, 어떤 장난감인지는 모두 비밀로 하기

수업 당일 아침. 걱정 반, 설렘 반인 마음으로 교실에 들어갔다. 아이들에게 받은 장난감은 007 비밀 작전처럼 보이지 않는 큰 교사용 수납함에 모두 넣어 두었다. 당부했던 대로 아이들도 장난감을 들키지 않고 몰래 내기 위해 노력했다. 귓속말로 "이거 어디다 내면 돼요?"라고 묻기도 하고 비닐 봉투에 쇼핑백까지 물건을 꽁꽁 싸매 가지고 온 아이들도 많았다. 어떤 아이는 "여기에서 선생님이 꺼내 가세요. 친구들이 보면 어떡해요?"라며 책가방을 통째로 내밀었다.

비밀리에 장난감을 모으는 데까지는 성공했지만 방심할 수 없었다. 아이들이 눈치가 빨라져 활동을 시작하기도 전에 수업 의도를 알아채는 경우가 꽤 있어서다. 평소에 아무렇지 않

게 생각했던 부분이 성 고정관념이었다는 것을 느껴야 아이들의 변화를 기대할 수 있다. 그러기 위해선 눈치가 아닌 '누구의 장난감일까?'라는 놀이를 통해 자신에게 성 고정관념이 있다는 것을 스스로 깨달아야 했다. 아이들이 의심 없이 활동에 빠져들게 하기 위해 갖가지 멘트로 철벽 방어했다. 다행히 "1년 동안 생활하면서 누가 서로에 대해 관심을 갖고 있었는지 생각해 보는 활동이에요. 친구를 잘 아는 사람은 물건 주인도 잘 알아맞히겠죠?"라는 말에 아이들은 '친구들을 잘 아는 사람'이 되고 싶어 장난감 주인을 맞히는 데 온 신경을 쏟았다.

아이들이 가져온 물건들을 살펴보니 솜이 든 봉제 인형 종류(곰 인형, 키티 인형 등), 레고 인형과 차, 미니카, 미미나 쥬쥬 같은 마론 인형, 카드, 액체 괴물 등이 있었다. 그중 성 고정관념이 잘 드러난 물건 네 가지를 골랐다.

먼저 레고 인형과 차를 "짠!" 하고 꺼내 들며 말했다. "이 장난감은 누구의 것일까요? 그 친구라고 생각한 이유도 말해 볼까요?" 아이들은 장난감의 주인이 누구인지 열심히 추측했다. "재환일 거 같아요! 왜냐하면 차를 좋아하거든요." "우진이 거예요! 저번에 우진이 집에 갔었는데 저런 레고들이 많았어요!" 그 와중에 이런 말도 들려왔다. "레고니까 남자 것일 거 같아!" 추리에 몰입한 민현이가 자기도 모르게 뱉은 말이었다. 아이들에게 성 고정관념이 있었음이 무의식중에 드러난 것이다.

두 번째로 마론 인형을 집어 들자 묻기도 전에 여기저기에서 손이 올라왔다. "나연이요! 왜냐하면 나연이는 평소에 저런 인형을 좋아한다고 했어요." "지수 거예요! 지수가 평소에 인형이 입은 드레스 같은 옷을 많이 입어요." "소미일 거 같아요! 소미가 저번에 미미 인형 사고 싶다고 말했어요."

세 번째로 미니카를 보여 줬을 때, 아이들의 반응은 레고 인형과 차에 대해 물었을 때와 비슷했다. 정국이, 성훈이 등 쏟아지는 발표 속 이름들은 남자아이들로 가득했다. 리본을 단 고양이 인형을 들었을 때는 정반대의 상황이 펼쳐졌다. 물론 예외도 있었다. 미니카의 주인으로 여자아이인 현지를 예상한 아이가 있었다. 하지만 그 이유는 현지에게 있지 않았다. "미니카 주인은 현지예요! 왜냐하면 동생 현빈이 장난감일 것 같아서요!" 아이는 현지가 남동생 현빈이의 미니카를 가져왔을 거라고 짐작한 것이다.

발표를 들으며 주인으로 지목된 친구들의 이름을 모두 적었다. 레고 인형과 차의 주인이라고 예상한 아이들은 전부 남자아이였고, 마론 인형과 고양이 인형의 주인으로 짐작한 아이들은 전부 여자아이였다. 미니카의 주인으로 꼽힌 8명 중 여자아이는 현지뿐이었다. 이름을 적은 뒤에 주인을 밝히자 열 띤 추리 끝에 장난감 주인을 알아맞힌 아이들은 박수를 치며 좋아했다.

아홉 살들의 취향은
생각보다 다양했다

나온 이름들을 모두 적어 둔 이유가 있었다. 아이들이 장난감 별로 예상한 주인의 이름들을 살펴보고 공통점을 찾길 바랐기 때문이다. 공통점을 찾은 뒤에는 그 속의 성 고정관념까지 알 아내기를 기대했다.

"지금까지 여러분과 네 가지 장난감의 주인을 찾아봤는데 요. 장난감을 비슷한 것끼리 묶을 수 있을까요?"

"레고랑 미니카요!"

"드레스 인형이랑 고양이 인형이요!"

레고와 미니카를 묶고 마론 인형과 고양이 인형을 비슷한 것으로 정리하는 일은 아이들에게 너무 쉬워 보였다. 이제 공 통점을 물어볼 차례. 하지만 "아~!" 하는 소리가 먼저 쏟아졌 다. 아이들은 눈빛을 반짝이며 무엇인가 깨달은 표정으로 앞다퉈 손을 들었다. "레고랑 미니카 주인은 거의 다 남자 친구들 이름이에요." "마론 인형이랑 고양이 인형 주인은 다 여자 이름이에요."

한 아이가 "그런데 미니카 주인으로는 현지 이름도 나왔는데요?"라고 반문했으나 질문이 끝나기 무섭게 다른 아이들이 공통점을 발견했다. "하지만 현지 빼고는 전부 남자 이름만 나왔어요." "그리고 현지를 주인으로 뽑은 이유가 현지 남동생인 현빈이의 미니카 같기 때문이라고 했어요. 결국 미니카 주인을 다 남자아이로 생각했기 때문에 고정관념이에요."

2학년인데 고정관념이 무엇인지 제대로 이해하고 있을까. 고정관념의 의미를 아느냐고 묻자, "사람들이 흔히 생각하는 것이요!" "잘 변하지 않는 생각들이요!"라며 잘 짚어 냈다. 그래서 '누구의 장난감일까' 활동에서 어떤 고정관념을 발견할 수 있었는지 물었다. 아이들은 "남자아이들도 인형을 좋아할 수 있는데 분홍색 옷이나 마론 인형은 여자아이들 것이라는 고정관념이 있어요." "여자 친구들도 레고나 차를 좋아하는데 남자 친구들 이름만 나왔어요."라고 대답했다.

이 부분이 수업의 핵심이었다. 스스로 성 고정관념을 찾아 내 설명할 수 있는 것! 놀이 활동에 공을 들인 보람을 느끼며 수업을 기획한 이유를 설명해 주었다. 이 활동은 우리에게 성과 관련된 고정관념이 있는지 알아보는 것이었고 활동을 통해 우리의 고정관념이 드러났다고 말이다. 여러분이 찾아낸 것 외에도 어떤 친구가 "이건 남자애 거야!"라고 하는 걸 들었다고 덧붙이자 아이들은 연신 고개를 끄덕이며 공감하는 눈치였다. 어떤 아이는 자기가 한 말을 부끄러워했다.

이번에는 성 고정관념으로 차별받은 경험이 있냐고 질문했다. 많은 아이들이 손을 번쩍 들었다.

"지난번에 엄마한테 장난감 기차 사 달라고 했었는데 그건 남자 장난감이라며 안 사 주셨어요."

"아빠와 마트에 갔었는데 제가 인형 고르니까 그건 여자용이라고 미니카 같은 거 보라고 하셨어요."

"할아버지가 제가 핑크색 싫다고 했는데도 여자아이라고 핑크색 물통을 사 주셨어요."

"전 파란색 제일 좋아해서 파란색 가방을 고르려는데 이모가 파란색은 남자아이 것 같다고 말리셨어요."

"좋아하는 핑크색 복숭아 캐릭터가 그려진 필통을 사려고 했는데 여자아이들이 쓰는 거라고 안 된다고 하셨어요."

발표는 끊이질 않았다. 진정시킬 때까지 아이들의 손은 계속 내려올 줄 몰랐다. 발표 속 아이들의 장난감 취향은 생각보다 다양했다. 그러나 그 취향은 어른들의 고정관념으로 인해 존중받지 못했다.

043

좋아하는 장난감을 골라 온 아이들이 많았지만 갖고 싶은 장난감 대신 성별에 '맞는' 장난감을 가져온 아이들도 꽤 있었다. 어렸을 때부터 비슷한 종류의 장난감만 갖고 논 경우도 흔히 볼 수 있었다. 나는 아이들이 다양한 장난감을 갖고 놀 수 있는 기회를 마련해 주고 장난감에 따라 다른 놀이 방식도 경험하게 해 주기로 했다.

"성우는 인형을 갖고 싶었는데 미니카를 갖고 있죠? 선미는 미니카를 갖고 싶었는데 인형을 갖고 있네요. 그렇다면 어떤 활동을 하면 좋을까요?"

"바꿔서 놀아요!"

우렁차게 대답한 아이들은 이내 친구들과 장난감을 주고받으며 자유롭게 놀기 시작했다. 처음 만져 보는 미니카에 신기해하는 선미가 보였고 갖고 싶었던 인형을 가지고 역할 놀이를 하며 환하게 웃는 성우가 보였다.

나는 로봇을 다시 보여 주며 "이 장난감은 누구의 것일까요?"라고 물었다. 아이들은 만면에 미소를 띠었다. "소희 것 같기도 하고 동현이 것일 수도 있어요!" "여자아이 것인지 남자아이 것인지 알 수 없어요!" 어떤 아이는 물어보지 않아도 신이 나 자신의 생각을 펼쳤다. "누가 로봇을 남자아이 것이라고 하면 차별이에요!"

아이들은 인형이라고 무조건 여자아이 것이라는 생각은 잘 못이다, 로봇이나 차를 싫어하는 남자아이들도 있을 수 있다고 발표했다. 20분 전만 해도 인형은 여자 것, 레고는 남자 것으로만 추측하던 아이들이 이렇게 섬세하게 느끼게 되다니! 아이들의 젠더 감수성이 훌쩍 큰 느낌이 들었다.

혹시 어른들에게 하고 싶은 말이 있다면 말해 보자고 하자, 아이들은 자신의 경험을 통해 느낀 바를 이야기해 주었다. "물건을 파는 사람들이 남자, 여자 구분하지 말고 장난감을 팔았으면 좋겠어요." "어른들의 고정관념을 없애고 싶어요. 그럼 차별도 없어질 거예요." 아이들 마음과 내 마음이 통하는 순간이었다. 아이들의 바람대로 마트가 젠더 구분 없는 완구로 가득 차길 소원한다.

며칠 뒤, 준호는 분홍색 알림장을 가져왔다. 아이들은 자연스러운 일인 양 아무도 신경 쓰지 않았다. 영민이가 친구의 머리핀을 꽂아도 놀리지 않았다. 잘 어울린다며 함께 즐거워했다. 채연이와 지수, 다현이는 축구 교실에 다니기 시작했다. 생활 속 고정관념은 더 잘 찾아냈다. 선호는 교실 환경 미화용 물품으로 무심코 붙여 둔 머리 긴 여자 캐릭터의 분홍색 의상과 머리 짧은 남자 캐릭터의 하늘색 의상을 지적했고, 희진이는 머리에 리본을 달고, 레이스와 리본 장식으로 뒤덮인 드레스를 입은 인형의 모습에서 여성의 옷차림에 대한 고정관념을 발견했다.

아이들은 가끔 이런 질문을 하기도 했다. "저는 남자인데 제가 파란색을 좋아하는 건 고정관념이에요?" "선생님은 여자인데 핑크색 물건을 자주 쓰니까 고정관념이 있는 거 아니에요?"

자칫 여자아이들에게서 분홍색을 뺏는 것이냐, 남자아이들에게서 로봇을 뺏는 것 아니냐는 의문이 들 수 있다. 그러나 그 반대다. 마이너스(−)가 아니라 플러스(+)다. 여자아이들에게 파란색을 선택할 기회를 주고 남자아이들에게도 인형을 가지고 놀 기회를 주는 것이다. 고정관념에서 벗어나야 하니까 여자아이들은 인형을 갖지 말라는 것이 아니다. 남자아이들에게 파란색을 좋아하지 말라고 하는 것이 아니다. 나는 아이들에게 선택할 수 있는 장난감 하나를 더 쥐어 줌으로써 날개를 하나 더 달아 주고 싶다. 모든 아이들이 젠더를 넘어서 원하는 만큼 날개를 달고 자유롭게 꿈을 펼치기를 바라본다.

나답게
달려 보세요

김수진

4
학년

최초의 울타리,
출석 번호

내가 근무하고 있는 초등학교는 학생 출석 번호가 남학생 1번, 여학생 31번으로 시작한다. 1990년생인 내가 초등학생일 때도 남자는 1번, 여자는 41번이었는데, 20년에 가까운 시간 동안 출석 번호가 바뀌지 않았던 것은 왜일까. 바꾸지 않고 하던 대로 하는 것이 편하니까? 문제가 있다고 느끼지 않았으니까?

국가인권위원회에서는 2005년에 이미 이러한 출석 번호를 성차별로 규정했다. 여학생에게 뒷번호를 부여하는 것은 어린 시절부터 남성이 여성보다 우선한다는 차별적 생각을 무의식적으로 갖게 할 수 있기 때문이다. 그래서 나는 이 출석 번호에 대한 문제를 제기했고, 교무회의 끝에 격년제로 남녀의 출석 번호 순서를 바꾸기로 했다. 그리고 2017년, 개교 이래 15년

만에 처음으로 여학생이 출석 번호 1번이 되었다.

그럼 모든 문제가 해소된 걸까? 근본적인 문제는 해결되지 않았다. '성별'에 따라 번호를 나눈 상황은 그대로였기 때문이다. 어떤 성별이 1번을 차지하느냐보다 더 중요한 것은 교실 안에서 남학생과 여학생이 나뉜 모습이다. 성별로 번호가 나뉘어 있는 이상, 매번 줄을 설 때마다 교사는 "남자 한 줄, 여자 한 줄!"이라고 외치게 된다. 출석 번호대로 줄을 서는 것이 교사 입장에서 가장 편리한 방법이기 때문이다.

'남자 여자 나누어서 줄 서는 게 뭐 그리 큰일이라고. 유난인 것 같은데?'라고 생각할 수도 있다. 그러나 출석 번호로 시작하는 자연스러운 남녀 구분은 학생들의 성 인식을 바꾼다. 우리 반을 '친구'라는 하나의 집단이 아니라 교집합이 존재할 수 없는 '남학생'과 '여학생'이라는 각각의 상이한 집단으로 나누어서 인식하는 것이다. 그리고 속한 집단에서 튀지 않고 살아남기 위해 '성 역할'을 습득하게 된다.

남자는 울면 안 된다. 우는 것은 여자들이나 하는 행동이다. 남자답게 보이기 위해 슬픈 감정을 표현하지 않고 억누른다. 눈물을 꾹 참으면 "민찬이는 남자답게 안 울고 잘 참네."라며 멋진 남자임을 인정받는다. 여자는 조심스러워야 한다. 쉬는 시간에 우유를 마시다 흘리기라도 하면 "여자애가 칠칠맞지 못하게 뭘 흘리고 다니니."라는 핀잔이 금세 따라붙는다. 조심성이 없는 건 여자답지 못한 것. 여자다움을 익히기 위해 더 조심하고 꼼꼼하게 챙겨야 한다.

운동 종목도 성별에 의해 정해진다. 자유 체육 시간이면 '남자는 축구, 여자는 피구'가 몇 십 년째 불멸의 법칙인 양 변할 줄을 모른다. 그러나 분명히 축구를 하고 싶은 여학생, 피구를 하고 싶은 남학생은 있기 마련. 그런 학생들에게 돌아오는 말은 "여자가 무슨 축구야." 혹은 "남자가 무슨 피구야."다. 우리 반 선생님이 축구를 못 하게 하면, 교육청이 매년 개최하는 '학생 스포츠클럽대회'에 나가면 되지 않을까? 하지만 여기서도 성별이 발목을 잡는다. 경기 종목을 '남자 축구'와 '여자 피구'로 나누어 운영하기 때문이다. 이런 순간마다 우리는 '어쩔 수 없다'는 말로 아이들의 불꽃을 꺼뜨려야 하는가.

학생들의 첫 번째 사회화 공간인 교실에서는 이렇게 학교에 의해, 교사에 의해, 그리고 학생 스스로에 의해 여자다움과 남자다움을 강요받는다. 이 보이지 않는 강요는 학생들의 삶에 스며든다. 성별을 이유로 원하는 색의 공책을 사지 못하고 하고 싶은 운동을 하지 못하는 것은 시작에 불과하다. 진로를 고민할 때, 결혼을 하고 가정을 꾸릴 때, 내 미래를 위한 선택의 기로에 설 때마다 아이들은 여자다움, 남자다움의 강박과

굴레를 벗어나지 못한다.

교육의 목적은 학생들의 다양성을 존중하고 자유로운 선택을 할 수 있도록 돕는 것에 있다고 생각한다. 그래서 젠더 교육에서도 '나답게' 수업이 가장 먼저 이루어져야 한다고 생각했다. 학생들에게 스스로를 되돌아보고, 자신이 가지고 있는 성 고정관념을 인지할 수 있도록 도와주고 싶었다. 더 나아가 성별이라는 울타리에 갇혀 남자답게 혹은 여자답게 행동하는 자신을 해방시키고 나다운 것이 무엇인지 고민하기를 기대했다.

남자답게 웃고,
여자답게 달려 보세요(?)

화장실에 갈 때 남자들은 당연하게 바지를 입은 사람 모양의 파란색 마크가 있는 화장실로, 여자들은 치마를 입은 사람 모양의 분홍색 마크가 있는 화장실로 들어간다. 이는 픽토그램[4]이 갖는 의의임과 동시에, 대다수가 가지고 있는 성 고정관념을 드러내는 대표적인 사례이기도 하다. '나답게' 수업은 이 당연함에서부터 시작한다.

학생들에게 화장실을 뜻하는 검은색 픽토그램을 보여 주

며 각각의 성별을 물었다. 아이들은 당연하다는 듯 왼쪽은 남자, 오른쪽은 여자라고 대답했다. "각각에 색을 칠한다면 어떤 색을 칠해야 할까?"라는 질문에는 남자에게 파란색, 여자에게 분홍색을 칠해야 한다고 대답했다.

학생들이 말한 색은 나의 예상과 일치했다. 당연할지도 모른다. 우리의 머릿속에서 남자를 상징하는 색은 파란색이고 여자를 상징하는 색은 분홍색이기 때문이다. 나는 이 고정관념을 눈으로 확인하길 바랐다. 그래서 미리 준비해 둔 '남자답게'가 적힌 파란색 카드를 남학생에게, '여자답게'가 적힌 분홍색 카드를 여학생에게 나누어 주었다. 두 명 정도가 "아~ 나는 분홍색 싫어하는데…." 하며 투덜댔지만 대부분은 별말 없이 그 카드를 가져갔다. 카드는 잘 보이도록 가슴에 붙이게 했다.

"이제 여러분은 카드에 적힌 대로 여자답게, 남자답게 행동해야 합니다. 선생님이 동작을 제시하면 그 동작을 각각 여자답게, 남자답게 몸으로 표현해 보세요."

활동을 설명한 후, '달려 보세요' '웃어 보세요' '공을 던져 보세요'라는 동작을 제시했다. 달리기, 웃기, 공 던지기는 학교에서 매일 하는 활동이다. 아이들은 제발 뛰지 말라고 애원해도 복도나 교실에서 땅에 발이 닿지 않도록 뛰어다니고, 뭐가 그렇게 재밌는지 깔깔대며 웃는다. 또한 가장 좋아하는 체육 활동은 공을 던지고 피하는 '피구'다.

그런데 늘 반복되는 이 평범한 동작들을 남자답게, 여자답게 표현하라고 하니 다른 모습이 나타났다. 남학생들은 '남자답게' 표현하라는 말을 크게 과장해서 표현하라는 뜻으로 이해한 듯이 행동했다. 교실 바닥이 울리도록 쿵쿵 달리고, 몸을 젖히며 소리 내어 크게 웃고, 팔이 빠지도록 공을 던지는 투수처럼 표현했다. 여학생들은 '여자답게'라는 말을 조심스럽게 행동하라고 받아들인 것 같았다. 생각한 것보다 훨씬 더 소극적으로 행동했다. 평소 자신의 행동보다 더 작게 행동하고 어떤 동작도 제대로 하지 못해 머뭇거리며 서 있는 학생들도 꽤 보였다.

이어서 남자는 여자답게, 여자는 남자답게 행동해 보게 했

남자답게, 여자답게 웃어 보세요

다. 같은 제시어를 자신의 성별과 반대로 표현하도록 하고, 가슴의 카드도 바꿔 붙였다. 고작 '남자답게'가 '여자답게'로 바뀌었을 뿐인데 남학생들은 바닥이 울리게 달리는 대신 팔과 다리를 접어 올려 양옆으로 흔들며 새침하게 뛰기 시작했다. 또 웃으라고 하니 입을 가리며 '호호'하고 웃고, 공은 잘 못 던

여자답게 달려 보세요

지는 척 행동했다. 여학생들의 행동은 커지고 과장되었다. 달려 보라는 말에 제대로 뛰지도 못하던 여학생들은 교실을 가로지르며 달려갔다. 자신의 성별과 다르게 행동하게 하니 학생들의 성 고정관념이 더 분명하게 드러났다.

두 활동을 하고 난 뒤 학생들에게 느낌을 물어봤다.

"답답했어요." "평소 내 모습과 다르게 행동했어요." "여자답게 하라고 해서 원래 그렇게 달리지 않는데 얌전히 달렸어요." "남자답게 행동하려고 더 과장했어요."

학생들은 본인의 행동이 평소 모습과 다르고 어색하다고 생각했다. 물론 교사가 수업 시간에 여자답게, 남자답게 행동

하라고 했기 때문에 더 과장해서 행동했을 수도 있다. 하지만 그 '과장'이 수업의 핵심이다. 평소의 내 모습이나, 봐 왔던 친구들의 모습과 다르게 표현했다는 것은 무엇을 의미할까. 이 수업을 관통하는 질문을 던졌다. "왜 여자답게, 남자답게 행동하라는 말에 원래 자신의 모습과 다르게 행동했나요?"

학생들은 곧장 "고정관념 때문에요."라고 대답했다. 사회의 강요된 시선은 이미 열한 살 학생들에게도 미치고 있었다. 활동 중에 교사가 구체적으로 어떻게 행동하라고 언급한 부분이 전혀 없다. 그저 여자답게, 남자답게 행동하라고 했을 뿐이다. 그런데 아이들은 자신의 원래 행동이나 성격과는 상관없이 사회가 가지고 있는 성 고정관념대로 행동했다. 분홍색의 여자답게 카드는 '조신하게' '조심스럽게' '섬세하게' '약하게'로 이해했다. 파란색의 남자답게 카드는 '씩씩하게' '과장되게' '힘이 세게' '터프하게'로 해석했다.

스물여섯 명의
나다움을 찾아서

학생들이 생각하는 남자다움과 여자다움은 어디서 온 것일까.

누가 이런 생각을 갖게 만들었는가. 이런 고정관념은 아이들의 행동에 어떤 제약으로 작용할까. 혹시 학교에서나 부모님이나 사회로부터 '여자답게 행동해야지' '남자는 이렇게 행동해야 해'라는 말을 들은 적이 있느냐고 물었다.

"저는 태권도를 좋아해서 계속 배우고 싶은데 아빠는 '여자가 무슨 태권도냐'면서 계속 다니지 말라고 해요."

"남자는 태어나서 죽을 때까지 세 번만 울어야 한다면서 슬프거나 아파서 울면 남자가 왜 우냐고 핀잔을 들었어요."

"단발에 파마를 한 제 머리를 보고 사람들은 남자 맞느냐, 남자가 왜 머리를 길렀냐고 자꾸 물어봐요."

"예절 선생님이 남자와 여자의 앉는 자세는 서로 다르다고 알려 주셨어요. 남자는 당당해 보이게 주먹을 쥐어 무릎 위에 올리고, 여자는 조신하게 손을 겹쳐 모아 앉으라고요. 아, 방석 색도 빨간색, 파란색으로 나누어서 앉았다!"

"텃밭에서 큰 물뿌리개에 물을 가득 담아 밭에 물을 주려고 했는데 텃밭 강사님이 저를 보시더니 '무거운 것 드는 건 남자애들이 하라고 하고 너는 저기 가서 잡초를 뽑아'라고 하셨어요. 반에서 제가 제일 힘이 센데⋯. 저도 물을 주고 싶었는데 그렇게 못 했어요."

남학생, 여학생 상관없이 교실 곳곳에서 평소에 받았던 성

예절 수업. 남자는 당당하게, 여자는 조신하게

차별 발언들이 쏟아졌다. '어른들이 무심코 아이들에게 강요하는 성 고정관념이 이렇게나 많구나'라는 생각이 들며 나도 다시금 반성했다. 평소 무거운 물건을 들 일이 있으면 자연스럽게 덩치 큰 남학생들을 찾았고, 교실 뒤에 있는 게시판을 꾸미는 일은 으레 여학생들에게 부탁했다. '여자답게' '남자답게'라는 말로 피해를 보는 것은 우리 아이들이었다.

수업을 이대로 마무리하면 아이들은 '답게'라는 박스 안에 머물러 있게 된다. 이제 박스에서 벗어날 차례다.

"첫 번째 활동을 하면서 여자답게, 남자답게 행동하게 만드는 고정관념도 확인했고, 두 번째 활동으로 주변의 성 고정관념에 관한 경험도 나누어 봤어요. 그렇다면 여자답게 또는 남자답게 행동하는 대신 우리는 어떻게 행동하는 것이 좋을까요?"

학생들은 잠시 침묵하더니 이내 힘차게 대답했다.

"나답게요!"

"재현이답게 행동해요."

"저 자신답게요."

사실 너무 당연한 답이지 않은가. '나답게 행동하기'. 우리는 이제껏 사회가 원하는 이상적인 여자다운 모습, 남자다운 모습에 가까워지려 나다운 것을 잊고 있었는지도 모른다. 어른들이 찾지 못한 답을 아이들은 찾아냈다. 나는 새로운 카드를 꺼내 들었다. 무지개처럼 다채로운 색상의 카드였다. 이번에는 성별에 따라 정해진 카드 대신, 원하는 색의 카드를 직접 골라 가게 했다. 학생들은 '노란색이 좋다' '초록색이 마음에 든다'며 저마다 신이 나서 다양한 색의 카드를 집어 들었다. 카드에는 자신의 이름을 적어 '~답게' 카드를 만들었다. 남준영답게, 은경이답게, 세윤이답게. 26개의 '나답게' 카드가 새로이 생겨났다.

가슴에 붙어 있던 여자답게, 남자답게 카드를 떼어 버리고 자신만의 카드를 붙인 아이들에게 처음에 제시했던 동작들을

'나답게' 달려 보세요

다시 일러 주며 말했다. "이제 여자답게, 남자답게 대신 나답
게 행동해 보세요."

일부러 책상을 치며 과장해서 웃던 재현이는 편안한 표정

으로 웃었다. 손발을 꺾어 가며 어색하게 뛰던 다연이는 그 누구보다 힘차게 달려 나갔다. 과장이나 어색함이 없는 자유롭고 편안한 공기가 교실을 감쌌다.

수업을 정리하며 예능 '슈퍼맨이 돌아왔다'의 한 장면을 제시했다.[5] 영상 속 남자아이는 누나를 따라 분홍색 인형을 가지고 놀고 싶어 한다. 추성훈이 그걸 보고 남자가 무슨 핑크색이냐며 핀잔을 주자 아이는 "남자도 핑크 할 수 있어!"라며 분홍색 가방을 메고 나온다.

영상을 본 후 수업 소감을 나누는 자리에서, 아이들은 "영상 속의 추성훈처럼 저에게도 고정관념이 있었는데 오늘 그게 깨진 것 같아요." "여자가 무슨 태권도냐고 아빠가 또 말씀하시면, 그건 성 고정관념이라고 바로 말할래요." "문방구 아저씨가 여자라고 분홍색 공책을 주시면, 분홍색은 싫으니 파란색 공책을 달라고 말할 거예요."라고 이야기했다. 그렇게 아이들은 '여자답게' '남자답게'가 아닌 '나답게' 행동하는 첫 발걸음을 내딛었다.

What does it mean to do something LIKE GIRL?

'여자답게 행동한다는 건 무엇을 의미할까요?' 2015년에 온라인을 뜨겁게 달궜던, 한 생리대 회사의 광고 문구다.[6] 수업을 기획하고 구성할 때 가장 큰 아이디어가 되기도 했던 이 광고에서는 여자답게 행동하라는 것이 무슨 뜻이냐는 질문에 "나답게 행동하라는 뜻이다."라고 답한다. 우리 반 학생들도 광고 속 주인공들처럼 대답했다. 여자답게, 남자답게 행동하는 대신 나답게 행동하기를 선택했다. 성별은 나를 구속하고 한계 지을 수 없다는 것을 아이들 스스로 깨달은 순간이었다.

맨박스man box에 갇힌 남자들, 코르셋을 조이는 여자들. 우리는 진짜 나다운 것이 무엇인지 알지 못할 정도로 성별에 갇혀 있었다. 여자다움과 남자다움이라는 굴레 속에서 우리는 얼마나 많은 행동의 제약을 받아 왔는가. 이제는 성별이 나의 행동을 결정하는 기준이 되는 게 아니라, 그저 나라는 사람의 수많은 특성 중 하나에 지나지 않는 시대로 나아가야 하지 않을까.

수업 후 우리 반은 학교에서 정해 준 출석 번호 대신, 새로운 번호를 사용하기로 했다. '나래번호'라는 이름을 지은 후,

생일순도 이름순도 아닌 제비뽑기로 번호를 정했다. 남녀는 당연히 섞여 있다. 제 손으로 뽑은 번호라 아이들도 좋아했다. 내가 1번인 것이 남자라서가 아니고, 내가 31번인 것이 여자라서가 아니어서 어떤 번호여도 아무런 문제가 없었다. 번호는 학교에서 편의성을 위해 정해 놓은 하나의 도구일 뿐 그 이상도 그 이하도 아니었다.

물론 나는 출석 번호와 나래번호, 두 개의 번호 체계를 사용하느라 애먹었다. 애초에 출석 번호를 남녀가 섞인 채로 정렬해 두면 이렇게 힘들지도 않을 텐데. 그러나 교사 한 명만 힘들면 될 일이었다. 번호대로 서라고 해도 남자 한 줄, 여자 한 줄로 나뉘지 않았다. 나뉘지 않으니 자연스레 섞여 놀게 되고, 성역할도 흐려졌다. 어쩌다 누가 "얘는 여자애가 왜 이렇게 힘이 세?"라고 말하면 교사가 개입할 새도 없이 그 옆의 친구가 "야, 그거 고정관념이야."라고 지적했다. 보호자들은 "우리 반은 남자애들 여자애들 할 것 없이 너무 잘 놀아서 좋아요."라고 말씀해 주셨다. 내 눈에만 변화가 보인 게 아니라 참 다행이었다.

출석 번호 체계가 바뀌지 않는 이상, 내년에도 두 개의 번호를 관리하느라 조금 힘들 예정이다. 그러나 아이들이 행복해지는 방법이라면 내 몸이 백 번 힘들어도 좋다.

소중한
우리 몸 교육

구예형

3
학년

그건
성폭력이었다

성폭력을 당한 적이 있다. 어렸을 적 수영 수업을 몇 개월 받는 동안, 수영 강사는 남모르게 내 몸 이곳저곳을 만졌다. 일이 반복되는 동안 나는 단 한 번도 '하지 마세요' '기분 나빠요'라는 말을 하지 못했다. 그런 일에는 이렇게 대응해야 한다고, 누군가가 말해 준 적도 없었다. 화가 나고 무기력해졌던 내가 했던 대응은 수영 수업이 끝난 뒤 가해자에게 '멍청이'라고 말하며 그를 노려본 것이 전부였다. 커서 돌이켜 생각해 보고 나서야 그때의 일이 성폭력이었다는 것을 알게 되었다. 그리고 왜 그렇게 기분이 나쁘고 속상했는지도 이해하게 되었다.

이 일은 내가 자라면서 만난 다른 사람과의 관계에도 영향을 미쳤다. 나는 가해자와 비슷한 나이의 사람들과 친근한 인간관계를 맺는 것이 어려웠다. 그러던 어느 날 친한 친구에게 그 일을 처음으로 털어놓았는데, 친구 역시 비슷한 일을 겪었다는 것을 알고 놀랐다. 그제야 성폭력을 당한 것은 혼자만의 일이 아니라는 걸 알게 되었다.

당시 내가 성폭력에 무력했던 이유는 내 몸의 소중함을 배운 적 없었고 성폭력에 어떻게 대처해야 하는지 몰랐기 때문이었다. 내가 미리 교육을 받았더라면 더 잘 대응할 수 있지 않았을까. 이와 같은 일을 방지하기 위해서는 초등학생을 대상으로 한 성교육과 성폭력예방대처교육이 꼭 필요하다. 그러나 그때와 지금의 학교 상황은 크게 다르지 않다.

초등 성교육 교육과정은 체계가 분명히 확립되어 있지 않다. 성교육의 내용과 방법에 대한 지침과 자료도 부족하다. 특히 초등학교 저학년에는 교과 내에 성교육과 성폭력예방대처교육이 정식으로 포함되어 있지 않다. 성교육을 하려면 창의적 체험활동 시간을 이용해 담임교사가 별도로 실시해야 한다. 그나마 가장 관련이 깊은 교과를 고르자면 체육이다. 하지만 체육 교과마저도 질병을 예방하고 건강하게 생활하기 위한 습관들과 안전사고를 예방하는 방법이 나올 뿐 생식기관과 성폭력에 대한 구체적인 언급은 없다.

이러한 이유로 나는 체육 교과의 '건강한 생활 습관' 단원을 중심으로 초등학교 3학년을 대상으로 한 성교육 수업을 기획했다. 아이들에게 내 몸 전체에서 시작해 그 일부로서의 생식기관과 성性을 접하게 하고, 나아가 소중한 나의 몸을 지키는 방법을 알려 주고 싶었다. 성교육의 연장선에서 성폭력예방대처교육이 이루어지기 때문에 전 과정은 두 시간에 걸쳐 진행했다.

수업에서는 성교육 대신 '몸 교육'이라는 단어를 사용했다. 이유는 두 가지다. 첫째, 내 몸을 지키고 건강하게 유지하려면 생식기관만이 아닌 내 몸 자체에 관심을 가져야 하기 때문이다. 생식기관을 비롯한 몸에 대한 관심은 내 몸을 소중히 여기고 스스로를 지키는 동기가 될 수 있다. 둘째, 아이들은 성교육이라는 말을 부끄러워하고 어렵게 여기기 때문이다. 때로는 아무것도 모른다는 듯한 반응을 보이기도 한다. 이런 아이들은 '성교육'을 민망한 것을 배우는 시간이라고 생각한다. 그러는 동안 우리 몸의 소중함에 대해 배울 수 있는 기회를 놓쳐버리고 만다.

나는 아이들이 열린 자세로 배울 수 있도록 유도하고, 생식기관은 몸의 일부이기 때문에 중요하다는 인식을 주고자 '몸'이라는 단어를 써서 이야기했다.

알지만 말하지
못하는 아이들

생식기관이라는 말이 나오면 아이들은 소극적인 자세로 수업에 임하게 된다. 높은 참여율을 이끌어 내고 흥미를 유발하기 위한 방법을 고심했다. 그 결과 몸 교육에 접근하는 방법을 달리하기로 했다. 생식기관은 나중에 살펴보고, 먼저 내 몸에 대해 알아보는 것이다. 처음엔 아주 간단한 질문을 던졌다. "손 씻는 방법 아는 사람?"

여기저기에서 아이들이 손을 들었다. 지목된 아이가 신이 나서 설명하기 시작했다. "손톱으로 손바닥을 긁어서 손톱 아래를 씻고, 손등도 씻어요. 엄지손가락을 씻는 것도 잊으면 안 돼요." 모든 아이들이 맞장구를 치며 이미 잘 알고 있다는 듯 고개를 끄덕였다.

다음으로 우리 몸에는 손 외에 어떤 것들이 있는지 발표하게 했다. 입, 눈, 귀, 발, 다리, 복숭아뼈, 발목, 배 등이 나왔다. 이쯤에서 아이들에게 "자신의 몸에 대해 잘 안다고 생각하는 사람?"이라고 묻자, 대부분 자신 있게 손을 들었다.

"몸 중에 바깥쪽과 안쪽 둘 다 볼 수 있는 부분이 있는데 어디인지 아나요?" "입이요." "입을 한번 관찰해 볼까요? 바깥뿐만 아니라 입을 벌려서 안쪽도 살펴보세요."

입을 관찰하게 한 건 몸을 구체적으로 관찰하는 태도를 이끌어 내고 자신의 몸을 만져 봄으로써 긴장을 풀고 수업에 마음을 열게 하려는 의도였다. 입은 다물었을 때는 겉모습만 관찰할 수 있지만, 열어 보면

입 관찰

훨씬 복잡하고 섬세한 것들로 구성되어 있고 손으로 만져 볼 수도 있기 때문이다. 아이들은 서로의 입을 보기도 하고 자신의 입을 만지기도 하면서 어금니, 송곳니, 앞니, 윗입술, 아랫입술 등을 구체적으로 짚었다.

입 관찰을 마친 뒤, 몸의 일부분에 또 무엇이 있는지 물으니 아이들은 겉으로 보이지 않는 것들에 대해서도 말하기 시작했다. 폐, 간, 뼈, 피, 근육, 뇌, 위장, 심장. 백혈구처럼 제법 어려운 것들도 있었다. 그러나 이때까지도 생식기관에 대한 단어는 한 개도 나오지 않았다. "옷으로 가려져 있는 것은 무엇인가요?"라고 유도하자 무엇을 말해야 할지 알아챈 눈치였지만, 아무도 대답하지 않았다.

생식기관을 몸의 일부로 이해할 필요가 있었다. 여자·남자의 외부 생식기와 내부 생식기가 드러난 그림을 보여 주고 다시 질문했다. "자신의 몸에 대해 잘 안다고 생각하는 사람?" 이번에는 손을 든 아이들이 두 명에 불과했고 그마저도 자신이 없는 모습이었다. 생식기관에 대해 알고 있는 것들을 모두 말해 보도록 했다. 재훈이가 음경, 음순을 말했다. 뒤이어 몇몇 아이들이 생리를 이야기했다. 그러던 중 한 아이가 머뭇거리며 입을 뗐다.

"알고는 있는데 부끄러워서 말을 못 하겠어요."

"왜 부끄러운 걸까? 옷 속에 감춰져 있어서 그런 거야. 이슬람문화에서는 여자들이 천으로 얼굴과 머리카락을 가리고 다녀. 그리고 얼굴과 머리카락을 내보이는 것을 부끄럽게 생각하고 낯설어해. 옷으로 감춰져 있다고 해서 부끄러워하지 말고, 왜 내가 부끄럽다고 느끼는지 생각해 보자."

"그럼 왜 가리는 거예요?"

"옷을 입는 이유는 그곳이 부끄러워서가 아니야. 옷은 여러 가지 기능이 있어. 옷은 몸을 상처가 나지 않게 보호하고 청결하게 하기 위해서도 입어. 그렇게 오랫동안 옷에 가려져 있어서 옷으로 가려진 부분들을 내보이고 말하는 것이 익숙하지 않은 거야. 그래서 부끄럽다는 생각이 드는 것이고."

"아… 근데, 그래도 부끄러워요."

"부끄러우면 아직 말하지 않아도 돼."

"말할 수 있을 것 같긴 한데… 고추랑 불알이요. 아, 고추가 아니라 꼬추요."

아이의 용기를 칭찬하면서 나는 아이의 말을 바로잡아 주었다. "고추의 원래 이름은 음경이고, 불알은 음낭이라고 해요."

그러자 나오는 또 다른 아이의 말, "어, 우리 아빠는 고추랑 불알이라고만 하던데."

"그러면 오늘 배우는 것을 승현이가 아빠께 알려 드리면 되겠다."

승현이의 말에 대답하며 다른 아이들의 표정을 살폈다. 대부분이 무슨 말을 해야 할지 몰라 눈치를 보고 있었다. 그 모습을 보고 있노라니 다들 이렇게 부끄러워하는데 수업에 적극적으로 참여할 수 있을지 걱정이 되었다. 하지만 몸 교육을 통해 아이들의 태도가 긍정적으로 변할 것이라는 믿음을 가지고, 본격적으로 성별에 따른 외·내부 생식기의 모습과 명칭을 알려 주었다. 배운 내용은 생식기관의 그림과 그에 연결된 빈칸이 있는 학습지에 정리하게 했다.

이제 생식기관을 건강하게 관리하고 지키는 방법에 대해 말해 보기로 했다. 이번에도 아이들이 쉽게 답할 수 있는 질문을 했다. "치아를 관리하는 방법을 알고 있나요?"

"이를 꼼꼼히 닦아요." "단 것을 적게 먹어요." "치과에 가서 충치가 있는지 검사를 받아요."

"그럼 자신의 생식기관을 관리하는 방법을 알고 있나요?"

아리송한 표정으로 생각에 빠진 아이들에게 여러 장의 포스트잇을 나누어 주고 모둠 친구들과 의논한 결과를 적어서 도화지에 붙이게 했다. 신기하게도 아이들은 비교적 구체적인 방법까지 잘 찾아냈다.

운동을 한다.

편식하지 않는다.

건강에 좋은 음식을 먹는다.

물을 자주 마신다.

적절한 체온을 유지한다.

규칙적으로 생활한다.

속옷을 매일 갈아입는다.

음경을 자주 씻고 손을 대지 않는다.

음경을 들추고 사이를 씻는다.

음순을 깨끗이 닦는다.

통풍이 잘 되는 속옷을 입는다.

생식기를 만질 일이 있을 때는 깨끗한 손으로 만진다.

다른 사람에게 함부로 보여 주지 않는다.

한 걸음 더 나아가, 생식기관을 어떻게 생각해야 할지 물었다. 생식기관에 대한 생각은 추후 성장하면서 성에 대해 더욱 깊게 알아 가는 태도와도 관련된다. 짧은 수업으로 지식을 쌓는 것도 필요하지만 성에 대한 바르고 긍정적인 태도를 가지는 것 역시 몸 교육의 중요한 의의라고 생각했기에 던진 질문이었다.

"이상이 있으면 부모님에게 바로 이야기를 해야 할 것 같아요." 한 아이가 대답을 하자 다른 아이들도 이에 동의하는 듯 고개를 끄덕였다. "이상이 있을 때 보호자에게 바로 이야기할 수 있는 사람?"이라고 묻자 모든 아이들이 손을 들었다. 하지만 몇몇은 "그래도 부끄러워서 바로 못 말할 수도 있어요."라며 자신 없어 했다.

"그 마음 이해해요. 선생님도 여러분만 할 때 굉장히 부끄러워했으니까요. 하지만 이상이 있어서 알려야 할 때 보호자에게 이야기를 하지 못하면 어떻게 될까요?"

"더 큰 일이 생길 수도 있어요."

"그렇다면 여기서 우리는 생식기관을 건강하게 유지하고 지키기 위한 방법을 한 가지 더 알 수 있겠네요. 뭘까요?"

아이들은 이구동성으로 외쳤다.

"부끄러워하지 않아요!"

몸에 대한 지식을 아는 것뿐만 아니라 당당하고 열린 태도로 자신을 지킬 수 있음을 아이들이 이해한 것 같아 기뻤다. 또

한 스스로에게 관심이 많아지는 사춘기에도 건전하고 긍정적인 인식을 가질 수 있을 것이라는 기대가 생겼다.

마지막으로 다 함께 이야기를 나누었다. 손은 얼마나 소중한지, 발에게 고마워해 본 적 있는지, 심장이 하는 일이 얼마나 중요한지, 그렇다면 생식기의 소중함은 생각한 적이 있는지. 성은 부끄러운 것이 아니라 내 몸의 일부이고, 새로운 생명을 탄생시키고 나를 기분 좋게 하는 고맙고 소중한 것임을 되새기는 시간이었다.

함부로 상처 주는
사람을 만났을 때

첫 번째 수업 후 아이들은 '내 몸은 소중하다'는 말을 자주 했다. 생식기관을 지칭할 때도 부끄러워하지 않고 바른 용어를 사용했다. 자신의 몸을 바라보는 새로운 눈이 생긴 것 같았다. 그러한 태도를 기반으로 몸을 지키기 위한 방법을 알아보면 더욱 효과적일 것 같아 두 번째 수업을 준비했다.

"지난번에는 우리 몸이 얼마나 소중한지 생각해 봤어요. 그렇다면 이렇게 소중한 나의 몸을 다른 사람으로부터 지키려면 어떻게 해야 할까요?"

"누가 함부로 보려 하면 절대 보여 주지 않아요." "다른 사람이 마음대로 만지지 않게 해야 해요." 아이들은 저마다 의견을 냈다.

"다른 사람이 마음대로 만지지 않게 해야 한다고 했는데, 그 부분에 대해 더 생각해 볼까요? 인주는 엄마가 안아 주는 것은 괜찮나요?"

"네! 당연하죠, 엄만데."

"엄마가 인주 배를 통통 두드려 주는 건요?"

"괜찮아요."

"그러면 고모나 이모가 배를 두드려 주는 건요?"

"이모는 되는데 고모는 좀….."

"그렇다면 사람에 따라 나의 몸을 만져도 되는 부분이 다르네요?"

"그런 것 같아요."

"선생님도 그래요. 선생님은 동생이 안아 주는 것은 좋지만, 친척을 포함한 가족 외의 다른 사람이 안거나 어깨를 만지는 것은 싫어요."

"저도 그래요!" 몇몇이 동의했다.

이제 자신과 신체 접촉을 할 가능성이 있는 타인들을 구체화해서 생각해 보기로 했다. 우선 가장 가까운 집단인 가족에서부터 시작했다. 내 몸에서 가족들이 만져도 되는 부분은 어디인지 떠올리고 떠올린 것을 모둠 친구들과 이야기하게 했다.

다음으로는 신체 접촉 대상의 범위를 덜 친한 친척, 친구, 모르는 사람까지 넓혔다. "앞집 언니나 형, 윗집 할머니와 같은 이웃과의 신체 접촉에 대해서도 생각해 봅시다. 더 나아가 길거리에서 마주치는 모르는 사람에 대해서도요."

"학원 선생님은요?"

"선생님이나 자주 가는 가게 주인 등 여러분이 알고 지내지만 친하지는 않은 사람들이 많을 거예요. 오늘은 가족, 친척, 친한 친구보다 덜 친하다고 여기는 사람들을 모두 통틀어서 생각해 보기로 해요."

모둠마다 열띤 대화가 이어지는 동안 몸의 앞모습, 옆모습, 뒷모습이 그려져 있는 학습지와 작은 색깔 스티커를 나누어 주며 말했다. "내 몸 중에서 친하지 않은 사람이나 모르는 사람이 만지는 것을 허락할 수 없는 부분을 생각해 보세요. 그리고 그 부분들에 스티커를 붙여 보세요." 어떤 학생은 스티커가 남은 반면 어떤 학생은 스티커가 모자랄 정도로 몸 곳곳에 스티커를 붙였다.

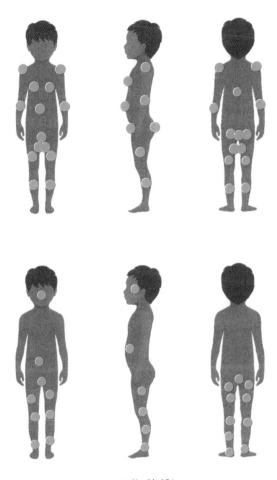

여기는 싫어요!

이후 학습지를 칠판에 전시하고 다른 사람의 학습지도 살펴보도록 했다. 학습지에 붙은 스티커의 모습은 제각각이었다. 개인마다 신체 접촉과 불쾌감에 대한 기준이 다르다는 것이 시각적으로 드러났다. 전체적으로 스티커가 많이 붙은 경우가 있는 반면, 몇 부분을 제외하고는 스티커가 거의 붙지 않은 경우도 있었다. 지수는 얼굴을 만지는 것이 싫다고 했고 지현이는 종아리와 겨드랑이에 닿는 것을 꺼렸다. 현수는 어깨와 팔을 만지는 것은 싫지만 목은 괜찮다고 했다. 세훈이는 등과 허리는 허락할 수 없다고 했다. 아이들이 접촉을 허락하지 않는 신체 부위는 다양했다.

이 점에 주목해서 사람에 따라 신체 접촉을 허락할 수 없는 부분이 얼마나 차이가 나는지 비교해 보라고 했다. 아이들은 학습지들 간의 차이점을 발견하고 놀라워했다. "엥? 넌 여기 만지는 게 싫어? 난 아무렇지도 않은데." "나랑 완전 달라!" "팔은 모르는 사람이 잡을 수도 있는 거 아닌가?" 아이들의 말에서 지금까지 신체 접촉을 허락할 수 있는 범위가 개인에 따라 얼마나 다른지 알지 못했다는 것이 느껴졌다. 또한 다른 사람의 입장에 대해 깊이 생각해 보지 않고 자신의 입장 위주로 행동해 왔다는 것을 알 수 있었다.

몸을 지키기 위해서는 자신에게 집중해야 한다. 하지만 자신이 다른 사람에게 어떤 영향을 끼치는지도 생각해 봐야 한다. 다른 사람의 입장을 살피고 배려하는 자세도 필요하다. 이 활동은 스티커를 활용해 각자의 차이를 시각화했기 때문에 아이들이 쉽게 서로의 입장을 비교하고 이해할 수 있는 좋은 기회였다.

아이들에게 자신이 허락하지 않은 곳을 다른 사람이 만진다면 어떤 감정이나 느낌이 드는지 말해 보게 했다. 자신을 지키려면 타인의 행동에 대한 자신의 느낌이나 감정이 어떤지 인지할 수 있어야 하기 때문이다. "불쾌해요." "기분이 나빠요." "이상한 느낌이에요." "소름이 돋아요." "짜증이 나요." "안 했으면 좋겠어요." 등의 대답이 돌아왔다. "그럴 때에는 어떻게 해야 할까요?"라고 묻자 아이들은 "소리를 질러요." "도와 달라고 해요." "큰 소리로 울어요." "급소를 때리고 도망가요." 등의 방법을 이야기했다.

누군가가 함부로 자신을 만지려 할 때 어떻게 대처해야 하는지 알려 주기 위해 간단한 참고 영상 '함부로 만지지 마세요'를 시청했다.[7] 이 영상에는 두 어린이가 등장한다. 아리와 한결이다. 아리와 한결이는 강아지를 만지려 하다가 강아지가 물려고 하는 바람에 놀라서 울먹인다. 이에 아리의 엄마가 다가와 강아지가 그렇게 행동한 이유를 알려 준다. "낯선 사람이 만지는 느낌이 싫고 겁이 났기 때문이야." 그리고 낯선 사람이 만지려 할 경우 어떻게 행동해야 하는지도 말해 준다. "아리와 한결이는 낯선 사람이 다가와 만지면 어떤 느낌이 들까? 강아지도 너희에게 싫다고 표현한 것이란다. 아리와 한결이도 다른 사람이 함부로 만지려 하면 '만지지 마세요!'라고 이야기하고 빨리 그 자리를 피해야 해. 그리고 엄마 아빠한테 말씀드려야 해."

성폭력이 일어날 수 있는 상황에서 단호히 말하고 자리를 피하거나 도움을 요청하는 것은 내 몸을 지키는 하나의 방법이다. 그러나 모든 상황이 다 같은 것은 아니기에, 절대로 그런 일이 벌어져서는 안 되지만 예상치 못한 상황으로 인해 상처를 받았을 경우를 염두에 두고 아이들에게 이야기해 주었다. 만약 자신이 상처를 받았을 때는 혼자가 아니라는 것을 잊지 말라고. 도움을 줄 수 있는 사람들도 있고 상처를 나눌 사람도 있으니 혼자서 괴로워하지 말라고.

누구나
가해자가
될 수 있다

성폭력 예방은 우리가 피해자가 되지 않기 위한 방법을 배우는 것부터 시작한다. 하지만 우리는 의도하든 의도하지 않았든 가해자가 될 수도 있다. 성폭력 예방 및 대처의 일환으로 가해예방교육이 부족하다는 여론이 커지는 이유다. 따라서 가해자가 되지 않겠다는 생각을 하는 것 역시 성폭력을 예방하는 방법이다. 그러려면 사람마다 불쾌함을 느끼는 기준이 다르다는 것을 인지하고 누구나 가해자가 될 수 있음을 이해해야 한다.

전자의 경우 스티커 붙이기 활동을 통해 알아봤으니, 이번에는 후자를 위해 아이들에게 퀴즈를 냈다. 다양한 연령, 성별, 외모의 사람들을 그린 그림을 보여 주고 이 중 성폭력 가해자는 누구일지 맞혀 보는 것이다. 몇몇 아이들이 '모두'라고 말해 그 이유를 물었다.

"가해자가 따로 있는 건 아닌 것 같아요."

"아는 사람이 가해자가 될 수도 있는데, 제가 아는 사람들은 다양하거든요."

"친구들 사이에서도 일어날 수 있다고 생각해요."

아이들의 대답은 놀라웠다. 벌써 다른 사람의 입장에서 바라보기 시작한 것 같았다.

그렇다. 아이들에게 보여 주었던 다양한 사람들은 얼마든지 가해자가 될 수 있고, 아무리 친한 사이일지라도 성폭력이 발생할 수 있다. 하지만 실제 성폭력이 일어나면 대처하는 방법을 안다고 하더라도 말 한 마디 하기가 쉽지 않다. 그래서 상황을 가정하고 대처 방법을 연습하는 것이 반드시 필요하다. 나는 교실에서 할 수 있는 짧은 상황극을 하기로 했다. 모둠 친구들과 평소 생활 속 상황을 떠올려 간단한 극을 만들고 대처 행동을 연습해 보는 것이다. 각각의 상황에서 불쾌함을 느끼면 반드시 상대방에게 명확히 의사 표시를 하도록 했다.

버스에서 낯선 사람을 만난 경우, 놀이터에서 놀고 있을 때 아는 사람이 다가온 경우, 자주 가는 가게의 주인과 단둘이 있게 된 경우, 길거리를 걷고 있다가 행인이 뒤에서 다가온 경우 등 다양한 상황이 연출되었다. 모둠마다 다른 상황을 설정했기 때문에 여러 상황을 간접 체험하는 효과가 있었고 수업에 활기도 더해 주었다. 역할을 바꿔서도 해 봤다. 상황극에서 역할을 바꿔 다시 해 보는 것은 같은 상황을 다양한 관점으로 볼 수 있게 하고 나아가 자신이 한 행동을 객관화하는 데 도움을 준다. 더 자신 있게 의사를 표현하도록 용기를 주기도 한다. 모둠별로 연습한 상황극을 발표하는 모습을 보는 아이들의 표정은 꽤 진지했다.

몸에게 쓰는 편지

상황극을 마친 후 몸에 대한 고마움과 내 몸을 지키겠다는 다짐을 담아 짧은 글쓰기를 했다. 배운 내용을 떠올려 자신의 문장으로 표현하는 활동은 아이들이 수업 내용을 각자의 방법으로 소화할 수 있게 해 준다. 이 활동은 문장력보다 표현 행위 자체에 의미를 두고 진행했다.

- 몸아 고마워. 네가 참 소중하다는 걸 알게 되었어. 이제부터는 다른 사람이 함부로 만지게 하지 않을 거야. 그리고 너에 대해 정말 많이 알게 된 것 같아. 내가 몰랐던 것도 있었나 봐. 배우길 잘한 것 같아. 몸에 대해 몰랐었다고 속상해하지는 마. 대신 더 정확히 알았고 얼마나 소중한지도 알았으니까. 꼭 지키고 함부로 못 만지게 할게! 약속해.
- 나를 살아 있게 해 주는 우리 몸 부위들 모~두 고마워.

- 이제부터 나는 나쁜 사람이 내 몸을 만지려고 할 때 자신감 있고 크게 말할 것이다.
- 안녕, 몸아. 나를 위해서 열심히 운동도 하고 나에 대한 공부도 할게.

수업이 진행되는 동안 아이들이 자주 한 말이 있다. "엄마 아빠는 안 말해 줬었는데."

아이들은 들어 본 것, 책에서 읽은 것도 많고 궁금한 것도 정말 많다. 이것을 건강하게 해소할 수 있게 해 주어야 한다. 진정한 몸 교육은 성장에 따라 몸과 관련된 지식을 전달하는 것뿐만 아니라 몸에 대한 긍정적이고 열린 태도를 가지도록 돕는 것이기도 하다. 학교와 가정에서는 아이들의 성장에 맞는 충분한 몸 교육이 실시되어야 하고 보호자도 성에 대해 허심탄회해야 한다. 성은 생명을 탄생시킨다는 점에서 중요한 것이기도 하지만, 이것 역시 우리 몸의 일부일 뿐이기 때문이다.

▶ 몸 교육을 시도할 때는 아이들의 몸 발달에 맞춰 계열성을 두는 것이 좋다. 아이들이 받아들이기도 쉽고 이해하기도 쉽다.

　　1~2학년: 외부 생식기의 명칭 알기

　　3~4학년: 외부 및 내부 생식기의 명칭과 기능, 2차 성징으로 인한 몸의
　　　　　　　변화

　　5~6학년: 음란물, 생리대 사용, 출산, 난자와 정자가 만들어지는 기관,
　　　　　　　임신과 출산 과정 등

▶ 분위기를 자유롭고 부드럽게 형성해 학생들의 마음을 열면 수업 진행에 큰 도움이 된다. 이를 위해 다양한 동화책과 매체를 활용하는 것도 추천한다.

▶ 요즘은 사춘기가 시작되는 시기가 빨라졌다. 3학년 2학기부터 반에서 한두 명씩 심리적, 신체적 변화가 시작되곤 한다. 아이들의 이른 변화와 요즘 아이들을 둘러싼 문화를 고려하면 3학년이 성에 진지한 관심을 보이는 것은 당연하다. 이는 아이들의 질문을 통해서도 확인할 수 있었다.

▶ 다음은 몸 교육 수업의 끝에서, 아이들이 궁금한 것을 교사에게 물어보고 답하는 시간 동안 나온 질문들이다. 많은 아이들이 손을 들었고, 수업에서 배운 생식기관 용어를 사용해 적극적으로 질문했다. 나는 사춘기가 무엇인지, 어떤 변화들이 생기는지 간단히 알려 주고 3학년의 수준에 맞게 답변했다. 아이들마다 성 지식에 편차가 있는 것도 고려했다. 아울러 마음과 몸의 변화를 두려워하지 말고, 기쁘게 맞아들이길 바란다고 말해 주었다.

Q. 월경은 언제부터 해요?

A. 여성의 생식기관이 충분히 성숙해지면 난소에서 난자를 하나씩 내보내요. 이 현상은 주로 사춘기와 함께 시작됩니다. 몸은 임신을 준비하려고 자궁 안에 이불도 깔지요. 그 이불을 만들기 위해 몸의 영양분을 사용해요. 임신이 안 되면 이불이 필요 없겠지요? 그래서 훌훌 버린답니다. 이것이 월경이에요. 이불은 피고요.

Q. 월경할 때 아파요?

A. 그건 사람마다 달라요. 전혀 아픔을 못 느끼는 사람도 있고 많이 아픈 사람은 아픔을 잠재우는 약을 먹기도 해요.

Q. 여자는 XX 염색체고 남자는 XY 염색체라는데 다 그래요?

A. 어려운 것을 알고 있군요. XX 염색체를 가진 사람은 여성의 생식기관을 갖게 되고, XY 염색체를 가진 사람은 남성의 생식기관을 갖게 된답니다.

Q. 사춘기 때는 예민해져요?

A. 사춘기가 오면 몸의 변화와 함께 마음의 변화도 겪어요. 마음이 변화하는 정도는 사람마다 다르답니다. 어떤 친구를 사귀느냐, 내가 어떤 생활 습관을 가지고 있느냐에 따라서도 달라질 수 있어요. 선생님은 사춘기를 마음의 큰 동요 없이 보냈어요. 지금 생각해 보니 체육 시간에 친구들과 신나게 놀았던 것이 많은 도움이 되었던 것 같아요.

아버지 상담에 초대합니다

김수진

매일 만나는 교사와 아이들과 달리, 교사와 보호자가 만날 기회는 생각보다 많지 않습니다. 그래서인지 요즘에는 학교마다 '학부모 상담 주간'을 정해 대화 시간을 마련하고 있습니다. 높은 교육열만큼, 상담 참여율도 상당히 높은 편입니다.

그런데 참 이상합니다. 명칭은 분명 학부모 상담인데, 상담을 하러 오는 분들은 모두 '엄마'입니다. 연구회에서 자체 조사를 해 보니 두 개 학교 다섯 개 반의 학부모 상담에 참여한 분들 모두가 엄마였습니다. 너무 당연한 결과인가요?

'애가 아파서 오늘은 병원에 다녀오겠습니다'

'민지가 오늘 영우랑 싸웠다는데 혹시 학교에서 무슨 일이 있었나요?'

'현주가 가져가야 할 준비물을 깜빡하고 못 챙겨 보냈어요'

'은찬이 우유 신청을 취소하고 싶습니다'

'수학 단원 평가가 언제인지 알 수 있을까요?'

학교생활을 하면서 교사와 보호자가 주고받는 내용은 이렇게나 다양한데, 이런 연락은 대부분 엄마하고만 이루어집니다. 아빠들 대부분은 바쁜 회사일로, 이런저런 사정으로 자녀 교육과 관련된 활동의 참여를 엄마에게 맡기고 있죠. 혹은 관심이 있고, 교육 활동에 참여하고 싶어도 '아빠가 학교에 가도 될까?'라는 막연한 불안감으로 오지 못하는 경우도 많습니다.

몇 년 동안 본의 아닌 '어머니 상담'이 계속 되자 궁금했습니다. 아빠들은 자녀 교육에 대한 관심이 적은 걸까? 아빠들이 학교에 오는 건 불가능한 걸까? 그래서 초등젠더교육연구회가 해 봤습니다, 아버지 상담을.

처음에는 쉽게만 생각했습니다. 매번 엄마에게 보내던 상담 안내 문자를 아빠한테 보내면 되는 거지! 그런데 막상 실현하려니 순조롭지만은 않았습니다. 일단 교사 휴대 전화에 아빠 전화번호가 하나도 없더군요. 매년 저장해 둔 '○○○ 어머니' 대신 '○○○ 아버지' 전화번호를 일일이 새로 저장해야 했습니다. 그리고 문자를 보냈습니다.

안녕하세요, 담임 ○○○입니다.

1학기와 같이 2학기에도 학부모 상담이 진행됩니다. 1학기에는 많은 어머님들과 상담을 진행했는데요, '학부모 상담'인 만큼 2학기에는 아버지와의 대화 시간을 가졌으면 합니다.

바쁜 직장 생활 중이지만, 잠시 시간을 내서 아이들에 대한 고민과 격려를 함께 나누면 어떨까요? 직접 방문이 어려우시다면 10분 내외의 전화 상담도 환영합니다. 편안한 오후 되십시오.

상담 독려 문자를 보내고 난 후, 학교와의 의견 충돌이 있었습니다. 학교에서는 문자를 보낸 상황이나 문자 내용이 우려스럽다고 했습니다.

'회사를 다니는 아빠들에게 굉장한 부담감을 줄 수 있다'

'아빠만 상담이 가능한 것처럼 느낄 수 있다'

'각 가정의 양육을 맡은 사람들은 정해져 있으므로 교사가 개입해서는 안 된다'

'학교의 행사를 개인 교사가 마음대로 바꿔 진행해서는 안 된다'

걱정하는 의견들, 물론 틀린 말은 아닙니다. 학교에서 아버지 상담을 반대한 가장 큰 이유는 '아빠들에게 부담이 된다'였습니다. 그러면 이때까지 엄마들은 부담 없이 그 수많은 학교 행사에 참여해 왔던 걸까요? 맞벌이에 상관없이 모든 가정에

의무적으로 순번이 돌아가는 녹색 어머니회(아침 교통 봉사)는 어땠나요? 맞벌이 가정을 위해 요즘에는 '녹색 어머니 알바'까지 등장했더군요. 점심시간엔 학교 주변을 순찰하는 마미캅(어머니폴리스)도 있습니다. 또 도서실에서 봉사하는 도서보람 교사에, 체험 학습 시 동행하는 학부모 안전요원까지. 이 모든 부담은 이미 엄마가 지고 있었습니다. 이런 일련의 일들은 너무나 당연했고, 아무도 불편해하지 않았죠.

학교의 우려 섞인 시선 속에 아버지 상담을 진행했습니다. 학생들에게도 아버지 상담을 하겠다고 안내했습니다. "우리 아빠는 너무 바빠서 절대로 못 오세요."라며 아빠가 학교에 올 수 없을 거라 확신하는 학생도 있었습니다. 그런데 그 아버지께서도 상담을 신청하셨습니다. 아빠가 학교에 올 거라는 기대감에 너무나 좋아하던 그 표정을 잊을 수 없습니다. 교사 또한 엄마가 아닌 아빠들을 만나려니 처음에는 걱정이 많았습니다. 그러나 막상 뵙고 대화를 나누어 보니 새롭고 즐거웠습니다. 아이를 바라보는 엄마와 아빠의 서로 다른 관점은 아이를 더 입체적으로 이해하는 데 도움이 되었습니다. 부모의 교육에 대한 고민이나 갈등도 더 깊게 들을 수 있었습니다. 보호자들도 저와 같은 마음이었을까요? 다섯 개 반 상담 신청 결과, 1학기 때는 0%였던 아버지 상담이 2학기 때는 82%로 증가했고, 120

여 명의 아빠들이 상담을 위해 학교를 방문했습니다.

막상 상담을 진행해 보니 '아빠들은 대체로 자녀 교육에 관심이 적을 것이다'라는 생각조차 교사의 고정관념이었습니다. 아빠도 엄마만큼 관심이 많고 참여하고 싶은 마음이 크다는 것을 확인할 수 있었으며, 아빠들도 자녀 교육에 참여할 수 있는 좋은 기회였습니다. 사실 아빠들이 생업을 뒤로 하고 시간 내어 학교에 방문하기는 쉽지 않았을 것입니다. 이제는 아빠도 눈치 보지 않고 학교에 올 수 있는 분위기를 만들어 가야 하지 않을까요. 우리는 겨우 한 걸음 내딛었을 뿐입니다. 다섯 명의 교사가 시작한 이 작은 시도가, 부모가 함께 아이들 교육에 참여할 수 있는 문화적·제도적 변화로 이어지길 바랍니다.

아버지 상담, 해 보니 어떠셨어요?

• 덕분에 아이와 대화를 많이 나누고 모처럼 저녁 시간도 함께해 너무 좋았습니다.

• 1학년 때부터 아이 엄마를 따라 학교에 와서 꼭 찾아뵙고 상담을 하고 싶었는데 엄두가 안 나 엄마한테 전적으로 맡긴 부분이 있었습니다.

• 엄마 입을 통해 전해 듣는 내용과 직접 듣는 것은 또 다르기 때문에 이번 기회를 통해 선생님에게 직접 우리 아이에 대해 듣고 싶었습니다.

• 학부모 상담을 하는지도 잘 몰랐는데 메시지를 받고 나서 '이번에는 내가

꼭 가야겠구나'라는 생각을 했네요. 아이에 대해 자세히 알게 되어 좋은 시간이었습니다.

- 문자메시지를 받고 용기를 내서 올 수 있었습니다. 1학년 때부터 아내와 같이 가 볼까 생각만 하고 결국 실천을 못했는데 선생님의 메시지로 이번에는 드디어 상담에 오게 되었습니다.

- 선생님께 문자를 받은 적이 이번이 처음이라 너무 놀랐습니다. 답장을 보내야 하나 말아야 하나도 아내에게 물어봤습니다. 선생님께서 적극적으로 문자를 보내 주시니 제가 상담에 오지 않을 이유가 없었습니다. 큰아이 1학년 입학식 이후로 학교 방문은 처음이네요.

- 아버지 상담 너무 좋은 것 같습니다. 이런 것은 아예 교육부 차원에서 권장했으면 좋겠어요.

젠더 감수성 기르기

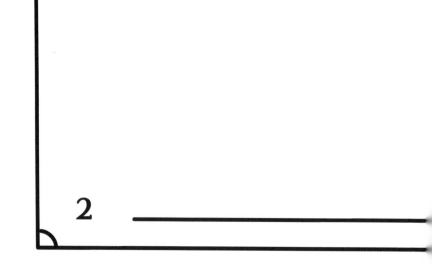

2

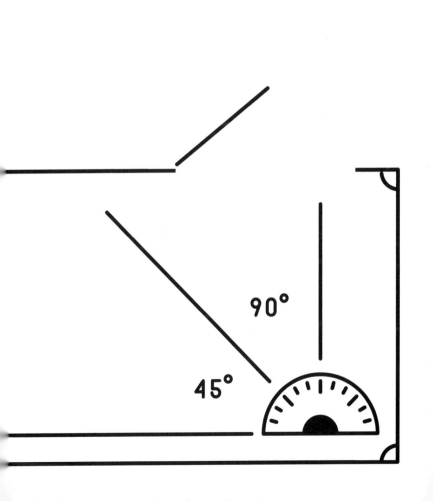

더 멋진
스쿨라이프

황고운

5
학년

재미보다
중요한 것

"까똑, 까똑."

요즘 친구들과 어떻게 지내냐고 묻는다면, 오프라인보다 온라인에서 대화하는 비중이 훨씬 높다고 대답하겠다. 비단 나뿐만의 일은 아닐 것이다. 유행하는 이모티콘 캐릭터의 팝업 스토어가 만들어질 정도로, 이제 이모티콘은 영향력 있는 콘텐츠로 자리 잡았다. 온라인 대화가 풍성해지면서 이모티콘은 제2의 언어로서 역할을 톡톡히 하고 있다. 워낙 다양하고 참신한 이모티콘이 많이 나와서 구경하는 재미도 쏠쏠하다. 그런데 재밌게 보고 넘기던 이모티콘 하나가 눈에 들어왔다. 카카오톡의 '오피스라이프'였다. 보통 단체 채팅방에서 퇴근을 기다리거나 '월급 루팡' 얘기가 나올 때 등장하곤 했는데,

무심코 전체 이모티콘을 클릭해 봤다가 깜짝 놀랐다.

'오피스라이프'에서 단발머리를 한 고양이 캐릭터는 직장에서 화장을 하거나 가방을 들고 퇴근 시간만 기다리거나 출퇴근 시 명품 가방을 소중히 하고, 택배를 받거나 요가를 하는 모습으로 그려져 있다. 한편 넥타이를 맨 강아지 캐릭터는 '까라면 까'라는 식의 회사 생활에 지친 모습이다. 반복되는 야근과 상사의 꾸지람, 회식, 술자리 때문에 피곤해하는 모습으로 묘사되어 있다. 누가 남자 직원이고, 누가 여자 직원으로 보이는가?

나는 이 이모티콘에 문제가 있다고 생각했다. 다른 사람들도 그렇게 느낄지 궁금했다. 그래서 우리 연구회에서 논의해 봤다. 직장인 콘셉트의 이모티콘에 직장 생활과 관련한 성 고정관념이 많이 반영되어 있다고 했더니, 동료들은 이미 알고 있었다. 찾아보니 메신저마다 성 고정관념이 반영된 이모티콘은 한두 개쯤 있었고, 이를 지적하는 기사와 칼럼도 여럿 있었다.

혹시 카카오는 이 사실을 알고 있을까? 카카오 관계자에게 연락을 취해 봤다. 카카오는 이미 2016년 11월경 '고객의 소리'와 사내 여론에 따라 이 의견을 접수하고 논의했으며, 새로운 이모티콘들은 젠더 감수성 측면을 고려해 제작하고 있다는 답변을 보내왔다. 비트윈이라는 커플 메신저는 사용자들이 메신저에서 사용하는 스티커 중 일부가 데이트 폭력을 연상시킨다고 건의하자, 곧장 개선하겠다는 공지를 냈다. 뒤이어 순화한 표현의 스티커로 빠르게 교체했고, 성에 대한 편견이 반영되지 않도록 세심하게 주의하겠다는 다짐을 덧붙였다.

이모티콘은 비언어적 표현의 작은 부분이라고 여기기 쉽지만, 불완전한 문장과 합쳐져 의미를 완성할 수 있는 매체다. 때론 말보다 더 효과적으로 메시지를 전달하고 활자보다 더 강력하게 우리의 사고를 표현해 낸다. 카카오톡으로 많은 대화를 나누는 아이들이 성 고정관념이 녹아 있는 이모티콘을 자주 사용하다 보면 은연중에 편견을 학습하게 될 것이다. 그렇기 때문에 카카오, 비트윈 등 영향력 있는 제작자들이 젠더 감수성 측면을 진지하게 고민하고 개선해 나가려고 노력하는 것이 고맙고 기뻤다. 이렇게 거센 변화를 체감하니 바로 우리 반 아이들이 떠올랐다. 사회가 발 빠르게 젠더 감수성에 대한 요구를 인지하고 받아들이는 모습을 아이들에게 알리고 싶었다. 아이들의 일상생활과 맞닿아 있는 소재라서 높은 관심을 보일 게 분명했다. 이쯤 되니, 알리지만 말고 아예 수업으로 기획해 보면 어떨까 하는 생각이 들었다. 그래야만 아이들이 일상의 다른 측면에서도 비슷한 문제의식을 갖고 자신의 기준대로 판단해 나갈 수 있다고 생각했다.

국어 5학년 2학기 5단원 '매체로 의사소통해요'와 관련된 핵심 성취기준은 '매체를 통한 소통의 특성을 설명할 수 있다(국1617-1)'이다. 이에 따라 수업 목표를 '매체를 비판적으로 이해하고 사용할 수 있다'로 설정했다. 수업의 전체적인 흐름은 문제점 찾기, 문제가 되는 이유 살펴보기, 문제를 해결한 새로운 이모티콘 만들기, 총 세 단계로 진행했고 '새로운 이모티콘 만들기'를 수행평가 자료로 활용할 수 있도록 구성했다.

이모티콘에 비친
한국 사회의 편견들

아이들에게는 지난 시간에 공부했던 '온라인 매체의 특성'에 이어 '인터넷 매체를 이용해 대화할 때 지켜야 할 점'을 배울 것이라고만 안내했다. 그러고 나서 이젠 교과서를 덮어도 된다고 했더니, 아이들은 뭔가 재밌는 걸 하려는가 보다 하며 눈을 반짝였다.

"선생님이 친구랑 메시지를 주고받았어요. 여기에서 혹시 이상한 점을 찾을 수 있는지 주의하며 대화를 읽어 주세요."

나는 두 인물이 카카오톡 '오피스라이프' 이모티콘을 이용해 대화하는 장면을 설정해 보여 주었다.

처음엔 이모티콘에 있는 문제를 잘 인지하지 못했다. 성별에 주의해서 읽으라고 말해 주지 않았기 때문에 당연했다. 하지만 성별과 관련된 문제임을 직접 찾아낼 수 있는지 확인해 보고 싶어 기다렸다.

"비속어, 줄임말, 신조어를 써요."

"좋아요, 또?"

"이모티콘이 문제예요."

"오, 어떤 문제가 있을까요?"

"너무 많이 써요. 설명했는데 또 써요. 말 대신 이모티콘만 쓰면 오해해요."

아이들은 대화를 보고 지난 시간에 배웠던 내용을 바탕으로 문제점을 찾았다. 또 대화 상황극에 집중하느라 이모티콘 자체의 적절성까지 판단할 수 없었다. 전체 이모티콘을 보여 준 게 아니었기 때문에 정보도 부족했다. 하지만 고개를 끄덕이지 않는 선생님을 보니 점점 답을 빨리 맞히고 싶어 하는 표정이었다. 그래서 이번엔 대화창이 아닌 이모티콘 전체를 보여 주었고 종이에 출력해 모둠마다 나누어 주었다.

이제 아이들은 대화 상황극에서 이모티콘 자체로 시선을 옮겨 와 문제가 있는지 살폈다. 술 먹고 뻗는 사람은 별로라는 둥, 요가를 못한다는 둥 캐릭터를 평가하며 장난도 쳤다. 그러던 중 누군가에게서 "누가 여자고 누가 남자예요?"라는 질문이 나왔다.

"글쎄? 누가 여자고 누가 남자인 것 같아요?"라고 대답하니 뭔가 알아낸 듯 눈빛을 번뜩이며 문제의 실마리를 잡아 간다. 한 번 찾아내기 시작하니 여러 가지가 보이는지 열띤 토론을 벌이기도 했다. 점차 볼멘소리가 여기저기서 튀어나왔다.

똑 부러지는 지오가 말했다.

"저는 어른이 되면 열심히 일할 건데, 여자라고 해서 일 안 한다는 편견 속에서 직장 생활한다고 생각하면 답답해요."

찬목이도 거들었다.

"저는 술 먹기 싫은데 남자 직원만 계속 술 먹고 노래방 가는 걸로 그려져 있어서 저한테도 당연하게 하라고 할까 봐 겁나요."

윤솔이는 반대로 강아지 캐릭터의 입장에 공감했다.

"맨날 야근하고 피곤해 보이는 남자 캐릭터가 불쌍해요."

그저 캐릭터일 뿐인데도, 아이들은 둘의 일상을 자신의 미래로 그리고 있었다. 또 캐릭터들의 모습 이면에 있을 현실의 어려움에 공감했고, 곧 편견을 드러낸 이모티콘에 분개했다. 남학생은 남학생대로, 여학생은 여학생대로 자신의 미래가 마뜩잖은 듯했다. 학교에선 열심히 꿈꾸고 진로를 그려 보라고 하는데, 영화와 드라마, 심지어 이모티콘에서 보여 주는 직장인들의 모습은 이와 같으니 아이들이 부루퉁할 만했다.

놀라웠던 건 아이들에겐 자신이 직접 경험하지 않은 상황, 대상, 입장을 상상해 보고 공감하는 힘이 있다는 걸 실감했다는 점이다. 자신의 성별과 관련된 편견에 대한 불만을 솔직히 털어놓으니, 동시에 자신과 다른 성별이 느끼는 불만도 짐작해 볼 수 있게 되었다. 공감의 범위가 넓어지는 순간이었다. 이런 수업이 필요한 이유가 여기에 있었다. 우리는 더 많이 대화해 봐야 한다. 공감의 범위를 넓혀서 우리 모두의 문제로 이해할 수 있게 될 때, 비로소 함께 문제를 해결하고 바꿔 나갈 수 있다. 그러니까 바로 지금이, 문제를 해결할 때다.

모둠별로 찾은 문제점들을 모아 칠판에 정리했다.

캐릭터	성별	추측한 이유	문제점
고양이	여자 같다	가방, 요가, 화장, 일 안함, 꾸밈, 회사에서 여가 생활, 편하게 일함, 분홍색 이불	여자는 일을 안 한다, 회사에 놀러 온다는 편견을 심어 준다
강아지	남자 같다	일만 함, 야근, 업무 발표, 넥타이, 노래방, 피곤함, 힘들게 일함, 하늘색 이불	남자는 일만 하고 상사가 시키는 대로 다 한다는 느낌을 준다

정리하고 보니 이미지로만 볼 때보다 좀 더 극명하게 드러난다. 아이들이 이런 '오피스라이프'를 꿈꾸고 있을 리 없다. 처음부터 '직장에 놀러 다녀야지' '요가나 해야겠다'는 꿈을 품는 여학생들은 없고, 일만 죽어라 하고 야근과 회식에 찌든 직장 생활을 꿈꾸는 남학생들도 없다.

혹자는 남녀가 아니라 상황이 중요한 거라고 한다. '월급 루팡'이나 '프로 야근러'의 상황을 표현할 뿐이지 남녀가 중요한 문제가 아니라는 것이다. 동의한다. 나도 그저 상황의 문제라고 여길 수 있으면 좋겠다. 하지만 제시된 적 없는 두 캐릭터의 성별을 아이들은 쉽게 추측해 냈고, 아이들 중 누구도 그 의견에 반박하지 않았다. 사회가 바라보는 시선을 아이들이 학습했다는 뜻이다. 아이들 눈에 사회가 이렇게 보인다면, 어른들은 조금 더 나은 인식을 아이들에게 물려줄 책임이 있다.

"문제점을 잘 찾아냈네요. 우린 무엇을 할 수 있을까요?"

"이 이모티콘을 구매하지 않아요."

"성 고정관념이 없는 이모티콘을 찾아서 사용해요."

"좋은 생각이네요. 그럼 오늘은 우리가 성 고정관념 없는 이모티콘을 아예 한 번 만들어 보는 건 어때요?"

벌써 머릿속으로 캐릭터를 그려 본 아이들은 신이 난 표정으로 좋다고 대답했다. 어떤 이모티콘이 탄생할까?

아무도 불편하지 않은
이모티콘 만들기

세 가지 조건을 정하고 모둠별로 이모티콘 세트를 만들어 보기로 했다.

1. 성 고정관념을 지우고 성평등 콘셉트가 잘 드러나게
2. 오피스라이프 대신 '스쿨라이프'

활동 시간에 제약이 있기 때문에, 원래는 기존 캐릭터를 이용해 상황과 행동만 바꿔 만들어 보려고 계획했었다. 강아지 캐릭터가 그림을 그리거나 고양이 캐릭터가 축구하는 식으로 말이다. 그런데 아이들이 꼭 기존 캐릭터를 이용해야 하냐고 물었다. 아이들이 생각하는 자유와 내가 생각하는 자유의 범위는 달랐다. 아이들의 사고는 항상 내가 생각하지 못한 방향으로까지 자유롭게 흘러간다. 나는 아이들을 넘을 수 없다. 내 빈약한 상상력으로 틀을 정해 두면 아이들의 잠재력은 뻗어 나갈 기회를 쉽게 잃는다. 아이들이 나에게 자유롭게 질문하고 틀을 바꿔 달라고 요구할 수 있는 분위기를 만들어야 하는 이유다.

하지만 막상 캐릭터부터 새롭게 정하려니, 아이들이 의견을 조율하느라 시간이 오래 걸리기는 했다. 첫 번째 조건 역시 "아예 성별이 안 드러나도 되나요?" 하기에 그러라고 했더니 대부분의 모둠에서 연필, 쥐, 토끼 등으로 성 중립적인 캐릭터를 만들어 냈다.

처음엔 속으로 조금 아쉬웠다. 수업을 한 뒤 젠더 감수성이 높아졌음을 보여 주는 결과물이 눈에 좀 띄었으면 하고 바랐기 때문이었다. 예를 들면 여자애도 축구를 하고, 남자애도 요리를 하는 식 말이다. 그리고 뒤늦게 부끄러워졌다. 아이들은 성 고정관념에서 아예 벗어나서 상상하는데, 나는 기존의 고정관념을 뒤집는 것에 집착한다는 생각에서였다.

직장 생활보다 훨씬 익숙한 학교생활을 그려 내니, 아이들은 아이디어가 넘쳐 나는 모양이었다. 각자 두 개씩 만들고도 모자라서 다섯 개씩 만들며 창작욕을 불태웠다. 아침 독서 시간부터 쉬는 시간, 점심시간, 친구들과 노는 모습, 우는 모습, 공부하는 모습까지 다양했다.

이후 아이들이 만든 이모티콘을 활용해 채팅방 상황극을 제작하고 발표하는 시간을 가졌다. 상황극을 염두에 두고 제작한 게 아닌데도, 아이들은 서로의 이모티콘을 여기저기 배치하며 대화를 만들어 나갔다. 만든 캐릭터로 꾸민 채팅창에

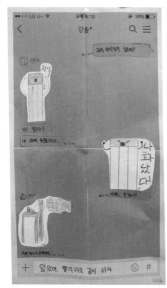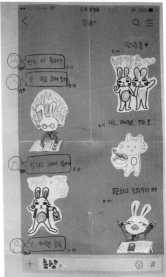

아이들이 만든 젠더리스 이모티콘과 채팅창

는 성별을 가늠할 수 없는 게 많았다. 그러다 보니 축구 하기, 숙제하기, 짜증 부리기, 태권도 하기, 바이올린 켜기 등 다양한 활동이 등장했다. 어쩌면 우리가 바라는 삶은 이런 형태가 아닐까. 머리카락 길이나 걸음걸이, 운전이나 요리 솜씨로 어떤 '성별다움'에 대해 함부로 추측하지 않는 것.

수업 마무리 단계에서는 카카오와 비트윈에 건의해서 받은 답변을 보여 주며 말했다.

"여러분이 찾아낸 문제점을 회사에서도 알고 있을까요? 선생님은 궁금해서 미리 물어봤습니다. 카카오에서는 문제를 이미 인식하고 새로운 이모티콘은 성평등 관점을 더 많이 고려해서 제작하고 있답니다. 비트윈에서도 문제를 인지했고 개선해서 스티커를 바로 바꿨고요. 사회가 이렇게 빠르게 변하고 있어요. 여러분이 만들어 갈 세상은 더 평등하고 다양성이 존중받는 모습일 거라고 기대해도 될까요?

많은 사람들이 별 생각 없이 사용해 온 이모티콘이지만, 여러분은 오늘 성 고정관념이 녹아 있는 부분들을 잘 찾아냈지요? 이런 민감성을 '젠더 감수성'이라고 해요. 앞으로 여러분이 인터넷 매체를 이용할 때 꼼꼼히 따져 보고 젠더 감수성이 높은 이모티콘을 골라 사용하는 소비자가 된다면, 만드는 사람들이나 판매하는 사람들도 여러분의 생각을 잘 따라와야 할 거예요. 빠르게 변하는 사회보다 한 발 더 앞서 있는 여러분의 비판적이고 창의적인 생각이 정말 멋집니다. 이 비판적 사고력과 창의성, 타인에 대한 높은 이해가 여러분의 강력한 무기가 되었으면 합니다."

예민할수록
유연해진다

한동안 아이들이 만든 이모티콘을 교실 곳곳에 게시해 두었다. 아이들은 자기가 만든 작품을 뿌듯하게 감상하기도 하고, 다른 모둠의 캐릭터를 관심 있게 구경하기도 했다. 무엇보다 별다른 문제의식 없이 해 왔던 어떤 관습들을 이제 '편견'이라고 부를 줄 알게 되었다. 서로 '여자 같다' '남자 같다'는 말을 자제하려고 노력하고, 무심코 친구가 "남자는 핑크지." 같은 말을 하면 "그건 고정관념이야."라며 지적했다. 또 내가 수업 중에 별 생각 없이 "그런 아저씨들이 있잖아."라고 하면 "아저씨만 그런 건 아닌데." 하며 교사가 단어 선택을 더 신중히 하도록 감시하기도 했다.

아이들은 어른보다 예민하고 유연하다. 우리가 보는 대로 아이들이 보게 해서는 안 된다. 아이들이 바라보는 세상에 우리 눈을 맞춰야, 비로소 익숙함에 가려졌던 크고 작은 문제점들이 눈에 띈다.

이런 수업을 통해 얻을 수 있는 교훈이 "역시 스마트폰, 카카오톡은 아이들에게 해로워."가 아니었으면 좋겠다. 매체는 소통을 위한 도구일 뿐이다. 어떤 매체가 담고 있는 메시지가 멋지지 않다면 그것은 우리 사회가 주고받는 메시지에 문제가 있기 때문이다. 우리는 아이들이 도구를 비판적으로 보는 눈을 기를 수 있게 이끌어 주고, 나아가 도구 자체를 개선할 수 있는 힘을 가질 수 있게 도와주어야 한다.

이와 같은 생각은 비단 이모티콘뿐만 아니라 책, TV, 인터넷, 게임, 영화 등 많은 미디어에 적용할 수 있다. 나는 아이들이 미디어가 제공하는 생각을 수동적으로 받아들이기만 하는 자리에 머무르지 않았으면 한다. 한 번의 수업이었지만, 아이들이 스스로의 기준으로 좋은 콘텐츠를 선별해 내고, 나아가 직접 생산에 참여하며 점차 문화의 방향도 바꿔 낼 역량이 충분함을 확인했다. 아이들이 젠더 감수성을 '좋은 미디어'의 기준 중 하나로 세워 나간 과정을 함께해 기뻤다. 아이들이 만들어 갈 새로운 세계를 기대해 봐도 될까.

▶ 채팅창 활동지를 분할 출력하는 대신 컬러 플로터 출력을 할 수 있다면 하자. 훨씬 깔끔하다.

▶ 온라인 대화를 할 때 주의할 점을 상기시키며 대화를 만들게 했다. 이 활동

을 통해 필요한 순간에 적절한 이모티콘을 사용하는 방법까지 체득할 수 있다.

▶ 완성된 채팅창을 이용해 발표만 하니 다소 밋밋했다. 스톱모션 앱을 활용해 실시간 대화를 보는 것처럼 영상으로 제작하고 목소리와 카카오톡 알림음 등을 삽입해 만들었다면 훨씬 실감 나는 결과물을 만들 수 있겠다.

▶ 이모티콘뿐만 아니라 예능이나 영화의 대사를 바꿔 보는 활동도 추가하면 좋다. 게임에서 들었던 성차별적인 말들을 짚어 보고 개선을 위한 캠페인을 하는 활동과 연계해서 진행할 수 있다.

우리도
성차별에
반대합니다

황고운

5
학 년

ME TOO
그리고 WITH YOU

2014년 여름, 직원 연수로 등산을 갔다가 하산길에 카페에 앉았을 때였다. 교장 선생님이 내게 말씀하셨다. "아파서 병가 낸 모 선생님하곤 다르게 황 선생은 아주 건강미가 넘쳐."

건강미…? 그 순간 같은 테이블의 다른 젊은 동료들과 눈이 마주쳤다. 묘한 불안감이 들어서 어서 대화를 마무리해야겠다고 생각했다. "아, 네." 하며 얼버무리듯 웃었는데, 두고두고 그게 잘못이었나 하고 자책했다. 그때 다른 화제로 넘겼다면, 이어지는 교장 선생님의 말을 듣지 않을 수도 있었을까. 교장 선생님은 양손으로 여성의 몸 곡선을 그리면서 이렇게 덧붙이셨다. "그거 아주 칭찬이에요. 되게 섹시하다는 뜻이거든. 허허허허."

별거 아닌 일일 수도 있다. 섹시하다는 말이 칭찬처럼 통용되는 사회고, 실제로 교장 선생님은 칭찬으로 듣길 바라면서 한 말씀이셨을 거다. 그러나 나는 그 말을 듣고 기분이 좋지 않았다. 다음 날도, 그다음 날도.

그 일이 있은 후 일주일이 채 지나지 않아 그 교장 선생님의 퇴임식을 위해 노래를 부를 팀에 선정되었다는 교내 메시지가 왔다. 미모 순으로 뽑은 것이니 축하한다는 말과 함께. 우리 학교엔 매년 신규 교사 발령 때 경력이 적은 교사들이 노래를 개사해서 가벼운 율동과 함께 환영식을 하는 문화가 있었다. 아마 그런 축하 의미의 연장선이었을 테다. 하지만 나는 도저히 그 앞에서 노래 부를 자신이 없었다. 그래서 답 메시지를 보냈다.

"지난 직원 연수 때 교장 선생님이 하신 말씀이 아직 기분 나쁩니다. 교장 선생님의 기쁨조가 되고 싶지 않습니다. 다 같이 송별가 부르는 것으로 충분하다고 생각합니다. 저만 빠지고 다른 여선생님들은 노래 부르는 일도 없었으면 좋겠습니다."

그날 그 자리엔 교감 선생님도 계셨다. 교무부장 선생님께 보낸 메시지를 확인하시곤 한걸음에 교실로 찾아오셨다.

"나도 그때 그 말이 문제될 수 있다고 생각했어요. 선생님이 괜찮지 않고 혹시 직접 사과받고 싶다면 내가 자리를 만들게요. 충분히 그렇게 할 수 있는 문제예요."

당시의 나는 곧 퇴임하실 분이니 일 크게 만들어 뭐 하겠나 하는 생각과, 무슨 일이건 같은 공간에서 눈 마주치며 얘기 나누는 게 더 끔찍하다는 생각을 동시에 했다. 좀 더 솔직히 말하면 문제 해결에 직면할 용기가 부족했다. 하지만 2018년의 내가 그 일을 겪었다면, 반드시 사과받았을 것이다. 그게 가장 빠르게 그 경험을 털어 낼 수 있는 일인 동시에, 교장 선생님이 다른 사람에게 그 말을 더 이상 칭찬으로 하지 않게 하는 방법임을 알기 때문이다.

어찌 보면 교무부장님께 보냈던 버르장머리 없는 메시지가 내겐 '#MeToo'였고, 교감 선생님과 교무부장 선생님이 보여 주신 지지 행동은 '#WithYou'였다. 내게 이렇게 '지지받는' 경험이 계속 쌓였기 때문에, 나는 이제 문제를 문제라고 말할 수 있는 사람이 되었다. 우리가 주변에 더 많은 지지를 보낼수록, 사람들은 더 용기 낼 수 있게 된다. 우리가 아이들에게 가르쳐 줄 수 있는 사회 경험이란 이런 것들일 게다.

하지만 결국, 교장 선생님 퇴임식엔 나 대신 네 분의 젊은 여선생님들이 노래했다. 건의한 뒤로 흐지부지되었었는데 어쩌다 결정이 뒤집혔는지는 모를 일이다. 두고두고 그 선생님들에게 미안하다.

'섹시하다'는 단어에 문제가 있는 건 아니다. 친구가 말해 줄 땐 기분 좋다. 하지만 모든 친구의 말이 기분 좋은 건 아니다. 모든 상황에 기분 좋은 것도 아니다. 한마디로 말은 대상과 상황을 가려서 해야 좋다. 교장 선생님은 옆에 사모님이 계실 때도 나한테 그 말을 할 수 있었을까? 아니었을 것이다. 그러면 괜찮지 않은 말이다. 내가 칭찬으로 들을 수 없는 말이다. 이건 아주 가벼운 에피소드지만, 작은 상처도 나을 때까진 쓰라린 법이다.

수많은 '쿨함'과 농담과 칭찬으로 포장된 성희롱 발언과 '딸 같아서' 하는 성추행, 강간이 여전히 유효한 세상이다. 설령 진심으로 딸 같아서 한 행동이라 하더라도 잘못은 잘못이다. 선한 의도가 피해 입힌 행동을 정당화할 순 없다. 잘못은 잘못이라 말하고, 잘못한 일이 있다면 제대로 사과하고, 사과를 받으면 너그러이 용서도 해 줄 수 있는 사회가 좀 더 건강하지 않을까.

성과 관련된 작은 문제에 회피하는 대신 제대로 감정을 표현하고 대응하는 연습이 필요하다. 또한 타인의 아픔을 사소한 문제로 치부하는 대신 자신의 무신경한 언행이 타인을 아프게 할 수 있음을 더 예민하게 살펴야 한다.

우리는 서로의
믿음이 될 거야

2017년 10월, 하비 와인스타인의 성폭력 범죄를 폭로하면서 미국에서 일어난 미투#MeToo 운동은 이제 전 세계 80여 개 나라를 뒤흔들고 있다. 우리나라에서는 이에 앞서 2016년 트위터를 중심으로 퍼져 나갔던 문단 내 성폭력 폭로 운동이 있었다. 이어 2018년 1월 안태근 전 검찰국장의 성추행이 언론에 보도되면서 미투 운동은 급물살을 탔다.

미투 운동의 거센 물결은 사회의 전진을 입증한다. 피해 사실을 증언할 때 위축되지 않고 당당한 당사자들의 태도가 그렇다. 자극적인 피해자 신상 털기를 자제하자는 여론의 성장이 그렇다. 긍정적이든 부정적이든 사회적 관심의 절대량이 폭발적으로 증가한 점도 그렇다. 10년쯤 전에 미투 운동이 일어났다면 이처럼 파장이 컸을까? 2009년 모 연예인이 고발한 성적 학대 피해 사실은 제대로 조사가 이루어지지 않은 채 기억 속에서 사라지지 않았던가. 나는 미투 운동이 갑자기 시작된 돌풍이 아니라고 생각한다. 그동안 꾸준히 성폭력의 범주에 속하는 행위를 알리고, 성폭력 피해자들을 지원하고, 조직내 성차별을 개선하려는 노력이 있어 왔기에 가능했다. 그렇게 보면 사회가 구성원들에게 '나는 혼자가 아니다, 어려움이 있을 때 구제받을 수 있고, 범죄로부터 안전하다'고 믿을 수 있는 분위기를 만드는 일은 얼마나 중요한가.

나는 우리 아이들이 그 믿음을 만들어 가는 시민으로 성장하길 바란다. 기꺼이 손 내밀어 서로의 '믿을 구석'이 되어 주는 일이 결국 모두에게 득이 되는 경험을 쌓으며, 더 건강한 사회를 만들어 갔으면 한다. 그래서 아이들과 미투 운동을 가능하게 한 연대의 힘을 수업으로 나누고 싶다고 생각했다.

미투 운동은 사실 성폭력을 고발하는 것이지만, 수업에서는 성차별 고발로 바꿨다. 정확히는 '선생님, 부모님, 주변 어른들에게 듣는 성차별적인 말'. 성차별 문제를 다루면서 미투 운동을 가져다 쓰는 건 비약이라고 생각할지도 모른다. 하지만 성차별과 성폭력은 깊게 연관되어 있다.

2017년 미국 미네소타대학에서는 성폭력 발생 원인에 대해 연구한 결과를 발표하며 '성차별주의를 내포한 성과 관련된 오랜 속설들은 성범죄로 이어질 수 있다'고 밝혔다. '여자의 No는 Yes다' '남자의 성욕은 주체할 수 없는 본능이다' 같은 속설이 그것이다.[1] 한국형사정책연구원에서 발행한 성폭력 실태 연구 논문에서도 '성폭력 피해 신고율이 저조한 가장 큰 원인은 사회의 성차별적 통념'이라고 지적한 바 있다.[2] 성차별주의적 사고방식은 성범죄 가해자와 피해자에 대한 인식에 영향을 미치며, 이는 가해자에 대한 공정하고 적절한 처벌과 피해자 보호를 막는 요인이 된다.[3] 따라서 성폭력 문제를 근절하기 위해서는 성차별적 문화를 개선해 나가려는 노력이 필수다. 성차별적인 말을 결코 가벼운 농담처럼 여기거나 사소한 문제로 치부하지 말아야 한다. 그리고 이 사실을 아이들도 분명히 알고 있어야 한다. 일상에서 만나는 작은 성차별적 언행을 인식할 수 있다면, 나아가 그것이 잘못되었다고 말할 수 있다면 이 아이들이 만들어 가는 세상은 지금과 조금 다른 모습일 것이다.

성차별적인 말은 일종의 언어폭력에 속하므로, 매년 3월이면 진행하는 학교폭력예방교육을 활용하면 좋겠다고 생각했다. 늘 하던 비슷한 활동 대신 언어폭력, 성폭력 예방 주제와 연계해서 수업을 기획했다. 목표는 '성차별 발언의 문제점을 이해하고 개선 방안 찾기'로 설정했다. 수업의 전체적인 흐름은 ① 사회에 일어난 미투 운동의 취지와 상황 이해하고 의견 나누기, ② 어른들이나 친구에게 들었던 성차별 발언과 그때의 느낌 나누기, ③ 대항할 표현 찾아 보기, ④ #이렇게_말해_주세요 포스터 제작하기의 4단계로 구성했다.

이제는 괜찮지 않은 말

평소에 부모님과 함께 뉴스를 많이 보는 아이들은 미투 운동에 대해 알고 있었지만, 처음 들어 보는 아이도 3분의 1이나 되었다. 연일 뉴스에서 보도하는데 전혀 들어 본 적 없다는 아이들이 있는 게 놀라웠다. 앞으로도 사회 이슈를 교과와 연계해 많이 다루어야겠다고 생각했다.

먼저 미투 운동의 세계적 흐름을 소개하고 우리나라에서도 영화·연극·문학계와 정계를 넘나들며 폭로가 이어지고 있다고 설명했다. 학생들은 TV에서 보던 사람들이 성폭력 범죄자라는 사실에 적잖이 놀랐다. 배우, 가수, 인간문화재, 만화가, 교수, 검사, 정치인들이 성폭력을 저질렀다고 하니 충격일 수밖에.

지연이가 혀를 끌끌 차며 말했다.

"인간 맞냐? 사람이 어떻게 저럴 수가 있냐, 토 나와."

아이들은 저마다 표정을 있는 대로 찌푸렸다. 나는 성폭력 가해자가 잘못된 행동을 한 게 맞지만, 성폭력 범죄는 더 많은 요인이 겹쳐 일어남을 강조했다.

"처음부터 은행을 터는 도둑 있나요? 좀도둑질했는데 주변에서 지적하지 않고 처벌도 제대로 받지 않는다면 점점 더 큰 범죄를 저지르게 되지요. 마찬가지로 성폭력도 어느 날 갑자기 일어나는 게 아니에요. 잘못된 성 고정관념, 성차별적인 의식이 쌓여서 발생해요. 주변에서 제지하지 않으면 '괜찮은가 보다' 하고 여기면서 말이에요. 그래서 성폭력 범죄가 발생하지 않게 하려면 우리 일상 속 성차별적 사고부터 바꿔 나가야 해요. 성차별이 뭔지 아는 사람?"

똘똘한 발표 대장 원식이가 손 들고 대답했다.

"남자라는 이유로, 여자라는 이유로 다르게 대하는 거예요."

성차별의 개념에 대해서는 4학년 2학기 사회 시간에 배웠다. 예전에 비해 얼마나 성평등한 사회가 되어 가고 있는지, 앞으로는 어떤 노력이 필요한지 학습하는 단원이다. 그래서인지 '여자답게' '남자답게' 행동하라는 말이 성차별적인 것이라는 인식은 모두 갖고 있는 듯했다. 그러면 성차별적인 말을 어른들에게 들어 본 적 있냐고 물었더니 조금 머뭇거렸다. 아이들에게 가까운 어른은 부모님이나 선생님일 것이다. 자칫 부모님이나 선생님을 비난하는 것처럼 여겨질까 봐 주저하는 듯했다. 그래서 어른들이 나쁜 의도로 성차별적인 말을 하는 건 아니며, 인식하지 못하고 하는 경우가 많다고 설명했다.

"선생님도 무거운 체육 준비물을 옮길 땐 남학생들을 부르고, 스티커 붙이기나 차곡차곡 정리하는 일은 여학생들에게 부탁하곤 했었어요. 그런 일을 잘할 때 칭찬했고요. 선생님은 차별하려는 의도가 아니었거든요. 그런데 선생님 인식 속에 남자다움과 여자다움에 대한 고정관념이 있었고, 그 때문에 여러분 개성과 능력을 무시한 채 활동하게 했다는 걸 깨닫고 반성했어요. 지금이라도 깨달아서 정말 다행이라고 생각하고, 아직 남아 있는 고정관념을 더 많이 인식하고 바꾸기 위해 노력하는 중이에요."

보통은 아이들을 위해서 하는 말이라고 생각하지만, 그렇다 하더라도 듣는 사람에게 상처가 된다면 고쳐야 하고, 고치게 하고 싶다면 우리가 먼저 상처를 나누고 공유해야 할 거라고 충분히 설명해 주었다.

이윽고 깊이 고민한 아이들의 입에선 다음과 같은 말이 우르르 쏟아졌다.

여학생	남학생
여자애가 뭐 이렇게 칠칠맞지 못하냐, 지저분하냐	남자가 무슨 핑크냐, 미술이냐, 공기냐
(살 빠졌을 때, 부엌에서 엄마를 도와드릴 때) 이제 시집가도 되겠네	남자애가 무슨 겁이 그렇게 많냐

여자는 얌전해야지	남자는 남자들끼리만 노는 거야
여자애가 왜 그렇게 폭력적이냐	남자애가 뭐 이렇게 힘이 약하냐, 말랐냐
여자는 이뻐야지	여자애랑 놀면 여자애 다치니까 놀지 마라
여자애는 밥 적당히 먹는 거야	남자가 왜 그렇게 찌질하냐
여자애가 왜 남자애들이랑 놀아	씩씩해야지, 밖에 나가 놀아야지
여자애들이 꽃밭 정리하자	남자는 주먹
여자는 무거운 물건 드는 거 아니야	남자가 왜 여자 노래를 좋아해?

누군가가 발표를 할 때마다 "어우~ 맞아!" 하면서 폭풍 공감이 이어졌다. 희은이는 답답해서 가슴을 쳤고, "나도 방이 돼지우리라고 혼나고 그랬어." 하며 유쾌하게 웃는 유민이도 있었다. 선생님도 그 말 들었다고 하니 손뼉을 치며 좋아했다. 지훈이는 운동을 싫어하고 그림을 좋아하는데 그걸 이상하게 여기는 시선이 정말 싫다고 했다. 아이들의 반응이 너무 폭발적이기에 작년에 양성평등 단원을 공부할 때 이런 얘기를 이미 하지 않았냐고 물었다.

"아뇨, 작년엔 이런 거 안 했어요."

거의 유일하게 성평등 주제를 중점적으로 다루는 단원인데 아이들은 실제로 겪은 성차별 경험 대신 '암탉이 울면 집안이 망한다' 같은 속담을 교과서로 배웠다. 아이들이 모르는 속담을 나열하고, 기계적으로 직업의 성별을 바꾸는 식으로는 아이들의 삶에 파고들 수 없다.

나는 이어서 물었다.

"이런 말 들었을 때 기분이 어땠나요?"

"정말 기분 나빴어요. 자신감이 떨어졌어요."

"지금 다시 그 말에 대답할 수 있다면 뭐라고 할 건가요?"

아이들은 벌써 입이 근질근질했다.

차별에 맞서는
통쾌한 언어 만들기
— #이렇게_말해_주세요

아이들은 이런 성차별적인 말을 들었을 때 어떻게 대응해야 할까? 스스로 그 답을 찾아보게 했다. 각자가 들었던 성차별적 표현을 포스트잇에 적으면 그 밑에 다른 친구들이 '나만의 대응 방법'을 댓글로 달아 주는 것이다.

다음에 또 그런 말을 듣는다면 그냥 지나치지 않고 제대로 감정을 표현할 수 있도록 하기 위한 활동이었다. 일종의 언어를 만들어 주는 일이랄까. 당시엔 웃으며 지나쳤어도 속으론 상처받았던 아이들의 마음을 풀어 주는 일이기도 했다. 친구들이 생각해 낸 대안은 다소 엉뚱하지만 신랄했다. 아이들은 통쾌해하며 꼼꼼히 서로의 대안을 읽어 나갔다.

"남자가 운동을 안 하면 쓰냐." → "운동을 못하면 좀 어때요."

"여자애가 왜 이렇게 방을 안 치우니?" → "아빠가 치우면 저도 따라 할게요."

"살도 많이 빠지고, 이제 시집가도 되겠네." → "내 나이 열두 살, 조선 시대 아닙니다."

"남자는 주먹이지." → "남자는 가위일 수도 있다." (진지)

다만 우리끼리 통쾌한 것으로는 부족했다. 아이들에겐 실천을 통해 주변과 생활을 차차 바꿔 나가는 경험이 필요하다. 위축되지 않고 솔직하게 표현한 자신의 감정을 어른들이 인정하고 공감해 주는 성공 경험을 쌓아 나갈 때, 아이들은 용기를 얻고 또 도전할 수 있게 된다. 그래서 방금 우리가 느꼈던 것들

을 공유하려면 어떻게 해야 할지 물었다.

"우리 반 친구들은 서로에게 이런 말을 하지 않겠다고 다짐했어요. 그런데 우리끼리만 알지 말고 주변 사람들에게도 알릴 수 있으면 좋겠어요. 미투 운동이랑 비슷하게 말이에요. '우리 학생들도 성차별에 반대한다'는 주제를 어른들과 친구들에게 알려 봅시다. 알리는 방법엔 여러 가지가 있지요. 상대의 잘못을 지적하고 비난하는 방법도 그중 하나인데, 선생님은 상대를 비난해서는 상대의 행동을 바꿀 수 없다고 생각해요. 비난하는 것보다 더 멋진 방법은 없을까요?"

"예시를 들어 다르게 말해 달라고 부탁하면 될 것 같아요."

역시 아이들은 다 알고 있다. 아이들 제안에 따라 모둠별로 성차별적인 말을 골라 다른 방식으로 바꾸고 포스터 형식으로 만들었다. '여자는 얌전해야지'라는 말 대신에 '넌 얌전하고 침착하구나'라는 말을 쓰고, '남자가 씩씩해야지'를 '씩씩하니 보기 좋구나'라고 바꾸는 식이었다. 개중에는 '여자는 얌전해야지'를 '여자는 씩씩하고 활기차야지'로 바꿔야 하나 고민하는 아이도 있었다.

여자가 얌전하고 남자가 힘이 센 것이 나쁜 거라고 오해하면, 아이들은 또 다른 고정관념 속에 갇히고 만다. 나는 활동을 잠시 중단하게 하고 아이들에게 내 의도를 다시 한 번 설명했다. 우리는 모두 다르게 태어났으며 각자가 지닌 성격이나 특징은 고유의 매력이다. 단지 어떤 성별에 어울리는 성격이나 능력이 있다고 믿어 버리면 각자가 지닌 성격과 능력이 제 힘을 발휘하지 못할 수도 있다. 한때 미용은 섬세한 일이라 여성에게 어울린다는 생각 때문에 미용고등학교에서 남학생을 입학시키지 않는 일도 있었다. 경찰대학에서 여성 선발 비율을 12%로 제한해 온 데에는 경찰이 힘센 남성의 직업이라는 믿음도 반영되어 있다. 이런 생각들을 조금씩 줄이고 다른 생각을 열어 나가야 한다. 다행히 2020년부터는 인권위의 권고를 받아들여 이와 같은 제한을 없애기로 했다. 어떤 일을 할 때 성별을 기준으로 평가받지 않았으면 좋겠다. '~답다'는 평가에

얽매여 성격을 바꾸려고 애쓰는 일을, 우리들은 하지 않기를 바란다. 있는 그대로 존중받을 수 있어야 한다.

아이들이 집중해서 듣고는 저마다 해결책을 내놓았다. 열심히 토의한 후 가장 듣고 싶은 표현을 골라 적었다. '가위바위보, 선택은 자유'라는 깔끔하고 참신한 표현도 있었고 '우리 같이 담력을 기르자'처럼 귀여운 표현도 있었다.

만든 포스터는 복도에서 볼 수 있도록 교실 창문 밖에 게시해 두고, 사진을 찍어 부모님께 보내기로 했다. 지나다니며 글을 본 학생들과 여러 선생님의 의견은 다양했다. '여자다움, 남자다움을 강요하지 않는 것은 미투 운동과는 무게가 다른데 아이들이 장난처럼 여길까 봐 걱정된다'고 진심 어린 조언을 보내 주신 선생님도 계셨다. 성폭력 고발 운동을 학급에서 성차별 반대 운동으로 바꿔 진행한 맥락이 있었고, 적어도 우리 반에서는 장난으로 미투 운동을 언급하는 일은 없었다고 설명해 안심하실 수 있게 했지만, 깊게 생각하고 반성해 볼 지점을 지적해 주셔서 감사했다. 또 다른 선생님은 '사회적인 움직임에 아이들이 동참하고, 아이들 수준에서 문제를 해결해 보는 경험인 것 같아 보기 좋다'고 지지해 주셨다. 다른 반 아이가 "미투가 뭐야?" 하고 물으니 우리 반 아이가 "성폭력 고발하는 거야."라고 대답해 주기도 했다.

#Me_too___ 성차별 반대!!

"여자들은 얌전 해야지." ⇒ "얌전하고 침착 하구나!"

"여자애가 왜 남자애들이 ⇒ "차별 없이 남,여 같이 재미
랑 노니?"　　　　　　　　있게 노는구나! 앞으로도 차별 없이
　　　　　　　　　　　　　　재내렴!"

"여자가 왜 그렇게 힘이 ⇒ " 힘도 세고 튼튼하니까 보기 좋구나!
강하니?"　　　　　　　　　앞으로도 튼튼 하게 자라렴!"

　　　　　성차별 없는 그 날까지 !!

　　　　11 모둠 친구들의 다짐 !

왜미의 다짐!! 어른들이나 친구들이 성차별을 하면 성차별은 좋지 않다고 말할 것이다!! (용기! 자신감!!)
성차별에 다짐!! 항상 여자를 여자라서 남자를 남자라서 차별하지 않도록 노력할 것입니다! (노력 하겠습니다)
의 다짐 : 여자여서 힘이 꼬꾸돼져 앞으로 성차별이 일어 재미로 좋 아야한겠어요
승의 다짐 : 이제부터 라도 성차별을 하지 않을 것을 다짐하겠다.

Me_too　　6모둠

1. 여자 방이 왜 이리 더럽니! ⇒ 방을 좀 치우는게 좋겠구나

2. 남자는 태어나서 세번운다 ⇒ 남자가 울음이 많을수도 있지

3. 남자가 무슨 책을 읽냐? ⇒ 책은 누구든지 읽을수 있

이서윤: 성차별 없는 새상을 만들려고 계속노력해야겠다♡
이온호: 성차별이 없는 밝은세상이 돼자!
최승우: 차이빅 없는 좋은 새상이 되면 좋겠어.
송정원: Me too 운동이 일어나도록 노력하겠다.

남도윤: 양성 평등 한 세상
　　　　만들자

아이들이 적었던 말은 이제 더 이상 아이들에게 상처를 주지 못할 것이다. 아이들이 말하고, 쓰고, 공감하고, 서로에게 용기를 보내는 일들은 그 말들에 받았던 상처를 이겨 내는 과정과 같았다. 나는 아이들이 자신을 아프게 했던 말들을 극복해 내는 모습을 보며 이 용감함을 응원하고 지지하고 싶었다. '나부터 친구나 동생에게 성차별적인 표현하지 않기' '주변에서 이런 말을 한다면 다르게 말해 달라고 부탁하기'. 이 두 가지 다짐을 잘 실천해 나가기를 당부하면서 그걸 잘 지켜 나갈 수 있도록 나부터 '#WithYou', 응원하고 지지하겠다는 말로 수업을 마무리했다.

덜 다치고,
더 쉽게 일어나기 위한 연습

미투 운동을 설명하는 중에 성폭력이 뭔지 모르는 아이들이 있어서 그에 대해 설명하느라 계획보다 시간을 더 썼다. 성폭력예방교육은 저학년 때부터 해 왔을 텐데도 아이들은 잘 몰랐다. 나 역시 중학생 시절, 버스 안에서 모르는 아저씨가 성기를 비비던 순간에 그게 무엇인지 몰라서 이 상황에 기분이 나빠도 되는 건지 아닌지 고민했던 기억이 난다. 아이들에게 위험하고 무서운 일을 에둘러 표현하고 숨기는 태도는 더 위험한 결과를 낳을 수 있다. 아이들에게 정확하게 알려 주고 대처할 방법을 찾을 수 있게 돕는 게 낫다.

작은 성차별적 표현이나 편견이 깃든 말을 인식할 수 있게 하는 것도 같은 이치다. 자존감을 낮추고 행동을 제약하는 말을 들었을 때 움츠러들지 않고 자신의 가치를 자유롭게 가꿔 가려면 첫째로 그것이 성차별적 발언임을 인지할 수 있어야 하고, 둘째로 그에 대응할 수 있어야 한다. 아이들은 오늘 성차별에 대항할 맷집을 조금 키웠다. 앞으로는 아이들이 덜 다치고, 더 쉽게 일어날 수 있기를 바란다.

미투 운동은 약한 개인들이 모여 거대한 저항의 목소리를 내고 변화를 이끌어 냈다는 데 큰 의미가 있다. 성폭력에 침묵하는 사회에 대한 자성의 의지를 담아 시민들이 '#WithYou'로 연대하며 저항의 목소리에 힘을 실어 주는 모습 또한 감격스럽다. 수업을 통해 아이들이 '우리는 서로 조금씩 기댄 채로 살고 있다'는 걸 깨달아, 권력의 부당한 폭력에 굴복하지 않는 약자들의 뚜렷한 목소리가 연대의 확성기를 타고 사회에 더 널리 퍼지길 기대해 본다.

▶ 고학년이라면, 후속 수업으로 6학년 국어 뉴스 단원과 연계해 언론 윤리를 다룰 수 있다.

▶ 국어 5학년 1학기: (가)-6. 말의 영향 단원에서 수업할 수 있다. '양파 실험'이나 '밥에 핀 곰팡이 실험'은 이제 식상하니까.

▶ 교사의 경험을 사례로 많이 들어 주면 더 다양한 성차별 경험을 떠올린다. 선생님으로서 실수했던 일에 대해 사과하면서 말하면 아이들 마음을 달래는 효과도 있다.

사춘기 맞춤 성교육
- 신체 변화 대처 편

이선희

6
학 년

'생리충'의 기원

6학년 2학기 어느 쉬는 시간의 일이었다. 남학생들이 다 같이 "싫어요~ 안 돼요~ 하지 마세요~"라며 성폭력 예방 구호에 리듬을 붙여 부르는 것을 듣게 되었다. 처음에는 '보건 시간에 성폭력예방교육 했나 보네. 녀석들, 수업 열심히 들었구나' 하고 순진하게 생각했다. 그러나 구호는 곧 학급 유행어가 되어 아이들 사이에 퍼지기 시작했고, 오래 걸리지 않아 아이들이 외치는 구호는 내가 알고 있던 그 의미가 아니라는 걸 깨닫게 되었다. 표면적으로는 '하지 마세요'라는 '거절'의 의미였으나 실제 내포된 의미는 거절에 대한 '조롱'이었다. 아이들은 원래 의도와는 달리 거절의 의사 표현을 우스운 장난으로 치부하고 있었고, 나는 혹여나 누군가의 진지한 거절의 언어가 그저 장난이나 으레 한 번쯤 거쳐야 하는 '겸양의 미덕'처럼 보이게 될까 싶어 걱정스러웠다.

교육의 효과가 언제나 교사의 의도대로만 나타나는 것은 아니다. 그러나 이 사건으로 인해 지금의 고학년 성교육에 대한 의문을 품게 되었다. 영유아용 인형극에 나올 법한 '안 돼요, 싫어요, 하지 마세요'라는 표현이 과연 사춘기에 접어든 6학년 학생들에게 실효성이 있을지, 성교육이 맞지 않는 옷처럼 그저 형식적으로 이루어졌을 때 도리어 성이나 성폭력에 대한 왜곡된 인식을 심어 주진 않을지 말이다.

잘못된 성 인식은 때때로 다른 성에 대한 '혐오'로까지 표출된다. 유해 화학물질로 인한 생리대 파동이 일어났을 때 가장 큰 피해자는 생리대를 직접 이용하는 여성이었다. 그럼에도 불구하고 관련 기사에는 '생리가 뭐가 아프냐, 엄살이다' '생리는 화장실 가서 싸고 오면 되는 거 아니냐' '생리대가 문제가 아니라 여성들이 살찌거나 방탕하게 생활해 생리량이 줄고 생리통이 생긴 것이다' 등 여성을 비하하는 댓글이 달렸다. 심지어 '생리충'이라는 단어까지 사용되고 있었다. 여성의 생물학적 특징은 그렇게 혐오의 대상이 되었다.

이런 댓글이 달리는 현상을 개인의 공감 능력이나 도덕성 결여 탓으로 돌릴 수도 있다. 하지만 그 본질에는 체계적이고 실질적인 성교육의 부재와, 그로 인해 누적된 왜곡된 인식에 있다고 생각한다. 나조차도 지금까지 '성'이라는 주제만큼은 어디서도 툭 터놓고 이야기할 기회가 거의 없었다. 공교육에 선 더욱 그랬다. 내가 어렸을 때 선생님께 호기심을 가지고 물으면 선생님은 대답을 애써 회피하며 서투른 모습으로 숨기기에 급급했다. 추측해 보건대 선생님께서도 부끄러우셨고, 가르쳐 줄 마음의 준비가 되어 있지 않으셨던 것 같다. 어른들 역시 터놓고 성을 배운 적이 없기에.

현재도 크게 다르지 않다. 전국교직원노동조합 초등·보건 위원회에서 6학년생 1,524명을 대상으로 한 설문 조사 결과는 성교육의 현주소를 증명한다.[4] '월경은 난자가 배출되는 시기 ○○○○이 탈락하면서 배출되는 현상'이라는 지문 빈칸에 들어갈 말로 '자궁내막'을 맞게 고른 학생은 응답자의 47.6% 에 그쳤다. 여학생도 55.6%만 정답을 맞혔다. 같은 방식으로 몽정에 관해 묻자 56.8%가 정답을 골라 월경보다는 다소 높은 정답률을 보였다. 그러나 6학년생 절반은 월경과 몽정 등 사춘기부터 나타나는 기본적인 생리 현상에 대해, 그나마 학교에서 가르친다는 '지식'조차 제대로 알지 못했다.

그런데 음란물을 본 적 있느냐는 질문에는 응답자의 약 25%가 그렇다고 답했고, 이 중 과반수가 우연한 기회에 음란물을 접했다. 스마트폰의 보급으로 아이들이 음란물에 노출되기 쉬운 환경이 되었다는 걸 감안한다면 이 비율은 앞으로 더 높아질 것이다. 이를 우려한 보호자들은 시대 흐름에 맞게 아이들에게 실질적인 성교육을 해 달라는 요구를 하고 있다.

이듬해 6학년을 다시 맡았을 때, 아이들에게 실제로 유용한 교육을 해야겠다고 결심했다. 학기가 시작되고 조금 지나 아이들과 래포Rapport가 형성되었다고 느꼈을 즈음, 성에 대해 평소 궁금했거나 알고 싶은 것을 익명으로 적어 제출하라고 했다. 아이들의 사전 지식 정도를 알고, 진짜 궁금한 것들을 파악해 '맞춤식 성교육'을 하기 위해서였다. 아이들의 의견을 정리해 보니 '사춘기'에 일어나는 변화와 '생리'에 대한 걱정과 두려움이 가장 많았고, '야동(음란물)' '섹스' '포경수술' '자위' 순으로 다양한 궁금증들이 나왔다. 의견들을 취합해 질문 비율이나 중요도 등에 따라 분류한 다음 성교육 수업을 6차시로 구성했다. 이 글에서는 그중 2, 3차시에 진행했던 '몸의 변화에 대처하는 실천 편: 생리, 몽정'을 소개한다.

저학년들에게는 '몸 교육'이라는 용어를 사용했지만 고학년 아이들에게는 '성교육'이라는 용어를 사용했다. 첫째, 기존 성교육의 연장선상에 있기 때문이다. 고학년 아이들의 궁금증과 필요에 초점을 맞춰 좀 더 실용적인 내용으로 구성했으므로, 굳이 새로운 용어를 쓰지 않았다. 둘째, 남녀의 생물학적 차이를 편견 없이 받아들이게 하는 것이 주된 목적이기 때문이다. 실제로 2차 성징이 드러나는 6학년 학생들을 대상으로 하기에, 남녀의 다른 점을 분명히 인지하고 그에 맞게 서로 배려해야 한다는 점을 알리기 위해 '성'을 강조하고 싶었다.

혹자는 '젠더 교육은 성차별을 반대하면서 왜 그 차이를 부각하는 성교육을 하는 거죠?' '왜 남학생과 여학생이 함께 생리나 몽정에 대한 교육을 받아야 하죠?'라는 의문이 들 수 있다. 나는 이렇게 말하고 싶다. 나와 다른 부분을 '인정'할 수 있는 건 다름을 정확하게 '인지'하는 것에서부터 시작한다고.

사춘기에 일어나는 변화는 선택에 따른 게 아니라 자연적인 것이므로 그 자체를 받아들일 수 있도록 준비해야 한다. 서로의 몸을 제대로 이해하고 탐구하는 것이 성적 금기와 성 고정관념, 성차별로 이어지는 악순환의 고리를 깨는 출발점이라고 생각했다. 그렇기에 서로 다른 성별의 생물학적 특징인 '생리'와 '몽정'을 남녀 모두에게 가르쳐야 할 필요성을 느꼈다. 다름을 있는 그대로 이해해 보는 것이다. 다른 이의 입장에서 한 번이라도 공감하기 위해 노력한 경험이 무지나 불필요한 오해로 인한 고정관념과 차별을 없앨 수 있는 첫 단추가 아닐까?

더 나아가 아이들이 성을 혐오 표현의 소재로 삼지 않고, 자기 몸에 대한 소중함과 책임감을 갖도록 인식을 바꾸고 싶었다. 사춘기의 성 차이는 단순히 '2차 성징'이라는 학술적 개념을 넘어 신체에 직접적이고 중대한 영향을 미친다. 생리와 몽정을 시작하게 되면 원하든, 원치 않든 임신이 가능해진다. 만약 여학생이든 남학생이든 잘못된 성 지식으로 인해 생식기에 상처를 입히거나 임신중절을 해야 하는 상황이 온다면, 그 책임과 대가는 누가 져야 할까? 바로 자신이다. 그제야 성에 대한 이해가 부족했다고, 단순한 호기심이었다고 뒤늦게 후회해봐야 아무 소용이 없다. 또한 아이들에게 '우리 모두가 겪는 문제니까 혼자 힘들어하지 말고, 함께 나누며 고민하자'라고 터놓고 말할 수 있는 계기와 장을 만들어 나가고 싶었다. 모든 아이들이 겪는 변화를 공교육이 아니면 어디서 가르치고 대체할 것인가?

PART 1.
뜨거운 굴을 낳는
기분에 대하여

'생리'를 사전에서 검색하면 의학 용어 '월경'과 동의어로 나온다. 생물체의 생물학적 기능과 작용 또는 그 원리, 생활하는 습성이나 본능이라는 뜻이다. 이렇게 자연스러운 '생리'를 마법, 멘스, 매직, 그것 등으로 다양하게 부르며 첩보 영화의 스파이처럼 생리대를 주고받아야 하는 이유는 무엇일까. 이런 인식을 드러내는 단적인 예를 보여 주기 위해 뉴스 기사를 동기 유발 자료로 가져왔다. 2016년 광주의 한 구의원이 본회의장에서 생리대라는 용어를 사용하는 것이 거북하니 위생대로 바꿔 부르자고 했다는 내용이었다.

아이들과 기사를 함께 읽은 후, 이 의원의 발언에 대해 어떻게 생각하느냐고 물었다. 이미 생리를 시작한 유인이는 "생리대를 생리대라고 부르는 것이 뭐가 그렇게 부끄러운지 모르겠다."라고 이야기했고, 페미니즘을 독학하고 있던 영미는 "생리대를 위생대로 대체하자는 발언은 생리를 불결한 것으로 보고, 더러움을 처리해야 한다는 편견을 조장하는 것 아닌가요?"라며 분노했다. 그러나 대부분 학생들은 예상한 대로 내 질문에 선뜻 나서지 못하고 말을 아꼈다. 일부 남학생들은 생리가 정확히 무엇인지도 잘 모르는 눈치였다. 그래서 인류의 절반, 여성이라면 겪게 될 혹은 겪고 있는 생리에 대해 얼마나 알고 있는지 확인하는 것으로 수업을 시작했다.

먼저 아이들의 사전 지식을 파악하기 위해 생리에 관한 아주 기본적인 지식과 친구를 배려하는 에티켓을 묻는 문항을 준비했다. 그리고 질문을 하나씩 던지면서 개인 화이트보드에 생각한 답을 쓰고 맞혀 보게 했다. 질문은 아래와 같다.

〈생리 고사〉[5]

질문1. 다음 중 생리혈의 모양은?

　　① 생피　② 핏덩이　③ 고체

질문2. 생리대는 하루에 몇 장 쓸까요?

질문3. 생리대의 크기에 따른 용도는?

　　① 팬티라이너　② 중형　③ 대형　④ 오버나이트

아이들은 문제에 대한 답을 써 보고 의견을 나눴다. 한성이와 명훈이는 "으악! 진짜 모르겠다!"라며 머리를 쥐어뜯었다. 평소에 과학에 관심이 많은 주형이가 "고체 상태로 질에서 나오면 너무 아파 견디기 힘들 것 같고, 신체 조직의 일부가 떨어져 나오는 거니까 핏덩이가 그나마 현실적인 것 같은데."라고 유추하자, 시훈이는 "야, 무슨 수로 피가 덩어리로 나와? 본 적 있어?"라며 당연히 생피라고 주장했다. 어설픈 가설만이 분분했다. 혜인이나 수정이를 비롯한 다른 여학생들 역시 난처한 기색으로 남학생들의 반응을 쳐다볼 뿐 정답을 고르는 데는 갈피를 잡지 못하고 있었다. 정답은 '핏덩이'였다. 자궁내막이

허물어지며 나타나는 현상이라고 알려 주자, 아이들은 너무 아프겠다며 정말이냐고 되물었다. 생리대를 하루에 몇 장 쓰는지에 대해서도 나름대로 추론하며 답을 맞히기 위해 노력했지만 현재 생리를 하고 있는 여학생들 외에는 맞힌 사람이 거의 없었다.

남학생들의 반응도 새로웠지만 정작 월경을 하게 될 당사자인 여학생들조차 지식이 거의 전무하다는 사실에 막막해졌다. 한편으로는 수업이 번지수를 잘 찾은 것 같아 안도의 마음도 들었다. '그래, 지금부터라도 배우고 가르치면 되지'라는 마음으로 실생활에서 겪을 수 있는 일을 중심으로 상황극을 해 보기로 했다. 상황은 이렇다. '사람이 많은 카페에서 여자 친구가 생리대를 전달해 달라고 한다면 어떻게 할 것인가?' 여러 아이들이 여기저기서 번쩍 손을 들어 자원했다. 그중 민곤이의 눈빛이 유난히도 간절해 보여 발표 기회를 먼저 주었다. 평소에도 친구들에게 배려를 잘하는 민곤이는 어디서 본 게 있었던 모양이다. 생리대를 검은 봉지에 미리 잘 감싸서 아주 몰래 전해 주며 '어때, 나 멋진 남자 친구지?'라고 하는 듯한 눈빛을 보냈다. 민곤이 외에도 여러 자원자가 있었으나 하나같이 몰래 숨겨 건네주는 연기를 했다. 왜 숨겨서 주는지 물었더니 여자 친구가 부끄러워할까 봐 또는 자신이 조금 부끄러운 것 같아 그렇게 행동했다고 대답했다.

"여러분의 배려는 고맙지만, 생리대를 감출 필요는 없어요. 여러분이 화장실에 휴지 챙겨 가는 것을 숨길 필요가 없듯, 생리도 자연스러운 현상이지 부끄러운 게 아니니까요."라고 말해 주니, 아이들은 고개를 격하게 끄덕이면서도 스스로가 기본적인 것조차 모르고 있다는 사실에 충격을 받은 것 같았다. 사실 정답 여부가 중요한 건 아니었다. 태어나서 처음으로 여성이 겪는 '생리'라는 현상에 관심을 갖고 알아본 게 아닌가. 나와 성별이 다른 사람의 입장을 진지하게 이해하려고 노력해 본 것만으로도 큰 의미가 있었다. 그렇게 아이들은 친구들과 함께 생리에 대한 지식을 문제로 풀어 보고, 역할극에 참여하며 선입견을 조금씩 내려놓는 연습을 했다.

영상 자료를 통해 '생리' 현상이 왜 일어나는지 과학적으로 접근해 살펴본 후에는 심리적 거부감도 줄어든 듯했다.[6] 지연이는 막연하게 생리가 두렵고 무섭다고만 생각했는데 몸에서 일어나는 이유가 있었다니 나름대로 납득이 된다고 했다. 그렇다면 이제 생리에 대한 생생한 경험을 들려줄 차례. 생리를 겪고 있는 나조차도 전혀 경험이 없는 누군가에게 그 느낌에 대해 설명하려니 표현하기 어려웠다. 무엇보다 피가 나오는 현상은 나의 의지로 조절할 수 없다는 것을 강조하고 싶어서 "가만히 있으면 몸속에서 나도 모르게 '꿀렁' 하고 핏덩이가 나오는데 뭐라고 표현해야 할지 모르겠어."라고 했더니, 주한이가 "아~ 코피가 나올 때처럼요?"라며 예시를 찾아 주었다. 약간 고민하던 영미는 무심하게 대답했다. "마치 몸속에서 뜨거운 굴이 나오는 느낌이라고 하던데~" 그 자리에 있던 우리 모두는 경악하고 말았다. 월경을 해 본 사람이 아니고서야 누구도 뜨거운 굴을 낳는 경험은 해 본 적이 없었을 테니까.

그래서 생리 때 여성들이 겪는 어려움을 '간접 경험'해 보기로 했다. 생리 기간마다 피가 샐까 봐 노심초사하는 일, 생리통, 남자 선생님께 생리통으로 조퇴한다고 말할 때의 어려움, 생리 기간 중에 남학생들이 할 수 있는 배려 방법 등 또래 여학생들이 솔직하고 유쾌하게 이야기를 털어놓는 영상을 보는 동안,[7] 고맙게도 유인이와 영미가 자신의 경험을 예로 들며 적극적으로 친구들에게 보충 설명을 해 주었다. 얘기를 듣던 한성이는 무언가 떠오른 듯한 표정으로 손을 들었다.

"그럼 저희 엄마도 생리를 하고 있는 거예요?"

"당연히 그렇죠. 여자들은 거의 대부분 생리를 해요."

"그럼 선생님도 생리를 하세요?"

"저도 여자니까 생리를 하죠."

"헐. 그런데 전 왜 그동안 전~혀 몰랐죠? 오늘 집에 가서 엄마한테 직접 여쭤봐야겠어요."

이론과 현실은 다르다. 남성들은 생리를 해 본 적도, 이야기를 직접 들은 적도 없다. 교과서에서 '여성은 2차 성징이 나타나면서 생리를 한다'고 배워도 엄마나 누나나 주변의 친구는 여성이 아니라는 듯 떠올리지 못한다. 결국 지식을 머리로 이해하는 데 그친다. 솔직히 한성이의 질문을 듣고 이런 질문을 왜 하는지 싶어 의아하기도 했지만, 아이의 질문은 분명 의의가 있었다. 이론을 아는 데 머물지 않고 자신과 관련 있는 현실 속 여성과 연결 지어 이해하기 시작했기 때문이다.

실전!
생리대 체험

이론은 여기까지. 실제와의 연결 고리가 필요하다. 생리에 대한 막연한 공포와 두려움을 해소하고, 생리대를 어떻게 사용하는지 모르는 아이들을 위해, 또 생리를 시작했더라도 생리대와 관련된 '실전 교육'은 받은 적이 없어 어려움을 겪을 아이들을 위해 생리대를 직접 만져 보고 사용하는 방법을 알려 주는 시간을 마련했다.

　우리가 흔히 접할 수 있는 다양한 크기의 생리대를 실물로 보여 주며 설명을 시작했다. 모둠별로 생리대를 직접 개봉해서 모두가 만져 보고 관찰하도록 했다. 처음 보는 아이들은 호기심 어린 눈으로 '이게 생리대구나' 하며 생리대를 직접 만져 보며 신기해했고, 어떤 아이는 부드럽다며 얼굴에 생리대를 가져가 감촉을 느껴 보기도 했다. 어떤 모둠에서는 얇은 생리대에 생리혈이 흡수되는 원리가 궁금하다며 단면을 잘라 내부를 관찰했고, 또 다른 모둠에서는 생리대가 얼마나 생리혈을 흡수할 수 있을지 확인하기 위해 실제로 물을 떠 와서 붓는 실험을 해 보기도 했다. 아이들은 처음 보는 생리대를 탐험하고 있었다.

　나는 아이들에게 피로 젖은 생리대를 한 상태에서 5일 또는 그 이상을 보내면 어떨지 물었다. 생리대를 관찰하는 것과 생리대를 착용하는 것은 완전히 다른 차원이기에. 실제로 일반 생리대를 쓰는 많은 여성들이 찝찝함은 물론이요, 짓무름이나 발진을 겪으며 간지러움을 호소하는 경우가 다반사다. 생리대는 여성의 편의를 돕긴 하지만 친절한 도구는 아니다. 여자들이 매번 고충을 말할 수는 없지만 생리를 할 때마다 힘든 시간을 겪는다는 것을 간접적으로 일러 주고 싶었다. 현서는 너무 찝찝하고 힘들 것 같다며 생리를 하는 친구가 있다면 자신이 할 수 있는 방법으로 배려하며 존중해야겠다고 이야기했다. 평소에 하는 장난을 멈춘다든지, 따뜻한 물을 건넨다든지 말이다. 이 교육을 하지 않았다면 절대 나오지 못할 말이었다.

생리대 관찰을 마친 다음에는 공중화장실에서 타인을 위해 매너 있게 생리대 버리는 방법을 안내했다. 실제 팬티에 착용하는 방법은 영상으로 보여 주었다.[8] 이어 생리대를 말아서 버리고 교체하는 방법을 시범했고, 자원을 받아 직접 처리해 보는 실습도 했다. 실습을 지켜보던 윤서의 한마디는 생리대 교육의 필요성을 절감하게 했다. "이거 어떻게 버려야 할지 몰라서 그냥 버렸는데 이런 방법이 있었네요."

사실 공중화장실에 가면 가끔씩 사용한 생리대가 적나라하게 펼쳐져 있을 때가 있다. 그럴 때마다 '매너 참 없네'라고만 생각했을 뿐, 윤서의 말처럼 생리대를 어떻게 처리해야 하는지 모를 것이라고는 생각지도 못했다. 아이들이 일상생활에서 필요로 하는 성교육이 꼭 병행되어야 한다고 다시 한 번 생각했다.

그러고 나서 우리가 흔히 알고 있는 기본적인 일회용 생리대 이외에 탐폰, 면 생리대, 생리 팬티, 생리 컵 등에 대한 정보도 간단하게 언급하며 장단점을 설명했다. 제일 반응이 좋았던 건 생리 팬티였다. 아이들은 잘 때 생리혈이 새지 않는다는 데 솔깃해했다. 마지막으로 생리 컵 사진을 보여 주었을 때는 신기하게 생겼다며 관심을 갖는 학생들도, 저걸 어떻게 사용하냐며 기겁하는 학생들도 있었다. 나는 생리 컵 사용 방법을 영상으로 보여 주며 장점을 나열한 뒤 말했다. "거부감 들면 안 써도 돼요. 선택은 여러분 몫이에요. 다만 화학물질이 많은 생리대 대신 이런 선택지도 있다는 걸 청소년기에 알았다면 선생님은 더 좋았을 것 같아서 알려 주고 싶었어요."

생리를 말하면
군대를 이야기하는
사회를 생각한다

여성은 평생에 걸쳐 500번 이상의 생리 주기를 경험하며 약 3,000일 동안 생리를 한다. 그때 사용하는 1인당 생리대의 개수는 평생 1만 2,000여 개에 이른다. 경제적 비용으로만 따져도 꽤나 큰 수치다. 매달 찾아오는 생리통뿐만 아니라 생리 기간 중 겪는 불편함만으로도 충분히 힘든데, 한국에서는 생리대 가격마저도 비싸 여성들을 더욱 힘들게 하고 있다. 생리대를 살 돈이 없는 아이들은 신발 깔창으로 대체하거나 가만히 누워 있느라 생리 기간 내내 학교에 결석하기도 한다.

그래서 마지막 활동으로는 저소득층 여학생들이 생리대를 살 수 없어서 겪는 어려움과 이들을 위한 지원 사업에 무엇이 있는지 알아보기로 했다.[9] 기본권의 사각지대에 놓인 저소득층 학생들이 적지 않다는 것을 알자 아이들은 다른 활동을 할 때와 다르게 말이 없어졌다. 저마다 생각이 많아 보였다. 학생들이 이런 어려움에 처해 있다는 데 충격을 받기도 했다. 교사인 나도 역시 수업을 준비하기 전에는 몰랐었다. 아이들도 평소에 단 한 번도 생각해 보지 못했을 어두운 단면이리라. 아이들은 '생리를 하고 싶어서 하는 것도 아닌데 생리대 가격이 왜 비싼 것이냐' '왜 국가에서 지원을 해 주지 않는지 이해가 되지 않는다'며 자연스럽게 '생리대는 여성이 살아가는 데 꼭 필요한 물건'이라는 의견을 냈다.

나는 우리나라의 사회복지 제도 역시 여성들의 경험을 제한적으로 반영하고 있다는 점에서 사회적 논의가 필요하고, 우리가 이런 부분을 알고 있어야 지원할 수 있는 여론이 만들어지지 않겠냐며 관심을 가져야 한다고 강조했다. 이런 내용을 접하는 시간이 사회복지 분야에서 자신의 권리를 능동적으로 찾고, 사회적 약자를 다양한 측면에서 배려할 수 있는 계기가 되었길 바라면서.

아래 학생들의 후기는 도입부에서 언급된 '왜 남학생과 여학생이 함께 생리 교육을 받아야 하죠?'라는 물음에 대한 나의 대답이다.

- '생리'에 대해서 처음 알게 되었다.
- 여자들이 많이 힘들겠다는 생각을 했다.
- 여자들도 힘든 부분이 있기 때문에 무조건 군대 가라고 말하지 않겠다.
- 저소득층 생리대 지원 사업에 대해 생각해 보게 되었다. 우리가 도울 수 있는 방법에 대해서 더 알아봐야겠다.
- Y사에서 다른 물건의 가격을 조금 높이더라도 생리대 가격은 싸게 해 주는 것이 맞는 것 같다.
- 생리대는 국가에서 지원해야 하는 필수재다.
- 그동안 생리대를 그냥 버렸는데 이제 어떻게 버려야 하는지 알게 되었다.
- 아직 생리 안 하는데, 생리를 나중에 하게 돼도 무섭지 않을 것 같다.
- 나만 생리하는 게 아니라서 안심이 되었고 기뻤다. 학교 끝나고 집에 갈 때 우리끼리 더 얘기하기로 해서 들뜨고 신난다.

'여자들도 힘든 부분이 있기 때문에 무조건 군대 가라고 말하지 않겠다'고 했던 재인이는 평소에 유튜브 영상도 많이 보고 게임도 많이 하는 학생이었다. 유튜브를 시청하는 아이들은 일부 BJ들이 사용하는 여성 혐오 발언이나 패륜적인 비속어가 난무하는 언어 환경에 여과 없이 노출되기 쉽다. 그러다 보면 여성 혐오 발언에도 익숙해지고 자연스럽게 여성 혐오를 습득하게 된다. '생리충' 역시 여성 혐오 발언 중 하나다.

또한 여성 인권 옹호 발언에 대한 대항마이자 최종 보루는 '군대'다. '군대 간다'는 말은 남성이 받는 성차별을 상징하는 대표적인 표현이기에, 여성의 생리적 고통을 이해하고 공감하면서 여자에게 무조건 군대 가라고 말하지 않겠다는 재인이의 다짐은 매우 놀라운 관점의 변화였다.

남학생들이 앞장서서 생리대의 가격을 낮춰야 한다거나 생리대는 국가에서 지원해야 하는 필수재라고 이야기하는 것도 와닿았다. 있는 사실을 알려 주는 것만으로도 아이들은 절절하게 공감했다. 이렇게 짧은 시간의 교육으로도 아이들이 달라지는데, 더 많은 아이들이 이런 교육을 받는다면 어떨까. "생리 빨리 싸고 와."라고 말한다든지, 생리를 창피한 일로 여기며 경멸하는 눈빛을 보낸다든지, 생리 휴가를 쓰려는 여성에게 '휴가를 쓰려면 양심껏 좀 쓰라'며 상처 주는 일은 없을 것이다. 편견이나 선입견이 굳어지기 전에 서로의 차이를 있는 그대로 이해하고, 다른 성별의 상황에 한 번이라도 공감해 보려고 노력한 경험이 있는 아이들은 어른이 되었을 때 '차이'를 바라보는 시각이 분명히 다르지 않을까?

PART 2.
변태가 아니야

남자아이들이 겪는 어려움에 대해서도 누구보다 진지하게 고민해 보고 실제적으로 도움을 주고 싶었다. 하지만 내가 남자가 아니니 어떤 식으로 수업을 풀어 나가야 할지 몰라 정말 막막했다. 생리 수업보다 더 많이 고민하고 연구회의 다른 교사들과도 의논을 했다. 특히 많은 아이들이 궁금해한 '자위'를 다루는 부분에 있어서는 나 역시도 개방적인 성교육을 받은 경험이 없었기에 큰 결심이 필요했다. 하지만 나의 민망함보다 아이들이 건전하고 올바른 성 지식을 알지 못해 다치거나 잘못된 편견으로 심리적 죄책감을 안고 살게 하고 싶진 않다는 마음이 더 컸다.

수차례 이미지 트레이닝을 한 후 의연하게 수업을 시작했다. 어색해할 아이들을 위해 (사실은 내가 어색해서) 나의 이야기 보따리를 먼저 풀어놓았다. 어렸을 때 아빠와 남동생의 신체를 우연히 보게 된 적이 있었는데 선입견이 없었음에도 불구하고 내가 상상했던 것과는 너무나도 다른 모습에 큰 충격을 받았다고 했다. 그러자 아이들도 공감이 되었는지 웃음을 애써 참더니, 자기도 그런 경험이 있다며 흥미진진한 얼굴로 수업에 빠져들기 시작했다. (기분 탓인지 모르겠으나 우리 반 아이들은 성교육 시간이 되면 활기가 넘치고 말수가 많아졌다.)

먼저 남녀의 신체 모양 차이에 따라 몸에서 일어나는 변화도 다르다는 것을 이야기하기 위해 교양 프로그램에 출연한 서민 교수의 사례를 들려주었다.[10] 고등학교 때 몽정이 뭔지 몰라 새벽에 젖은 팬티를 어머니 몰래 수없이 버렸다는 이야기였다. 아이들에게는 이것이 청소년기에 자연스럽게 일어나는 '몽정'이며 부끄러운 일이 아니라 만들어진 정액이 배출되는 자연스러운 과정이라고 이야기해 주었다. 그리고 혹시 이런 일이 발생한다면 당황하지 말고 팬티를 직접 빨면 된다고 했다. 아이들이 고개는 끄덕였지만 내심 많이 아쉬웠다. 내가 남자 선생님이었다면 주변 친구들이나 자신의 경험담을 소재로 더 실감나게 이야기하지 않았을까? 너도 모르고 나도 모를 때 하는 음담패설이 아닌 올바른 성 지식에 기반한 대화를 말이다.

아이들의 경험담을 터놓고 나누면 좋겠다는 생각이 들었다. 남학생들이 학교에서 발기될 때 겪는 일을 솔직하게 이야기하고, 이로 인해 주위 여학생들이 쉽게 할 수 있는 오해도 풀어 주고 싶었다. 하지만 경험이 없는 아이들도 있고, 거의 해 본 적 없는 성에 대한 이야기를 공개적으로 말하라니. 나 같아도 못할 것 같았다. 선뜻 나서기 어려울 아이들을 위해 관련 경험을 나누는 영상으로 대체했다.[11] 고등학교 남학생들이 학교에서 발기되었을 때 겪었던 다양한 상황에 대해 재미있고 유쾌하게 대화하는 내용이었다.

흔히 남자들이 발기했다고 하면 어른들도 '야한 생각을 했군' 하고 오해하는 경우가 많은데 알고 보니 항상 그런 것만은 아니었다. 가만히 있다가도 갑자기 발기된다든지, 엎드려 자다가 일어나서 점심 먹으러 뛰어가려 했는데 발기가 되어 있어서 가지 못했다든지, 발기된 걸 감추기 위해 삼각팬티를 이용해 위장했다든지, 다양한 경험부터 민망함을 감추는 '꿀팁'까지 늘어놓았다. 영상 속 남학생들은 여학생들에게 그런 상황을 목격할 경우에 모른 척하거나 다른 곳을 보며 배려해 주기를 바란다고 부탁했다.

성교육은 자칫 잘못하면 아이들에게 민망하고 무거운 주제로 각인될 수도 있다. 수업을 하면서도 가장 걱정되는 부분이었다. 하지만 쾌활한 분위기의 영상 속 학생들이 너무나도 재치 있게 말을 잘해 준 덕분에 나도 아이들도 즐겁게 웃으며 저절로 그들의 말을 경청하게 되었다. 얼굴 한 번 본 적 없는 영상 속 학생들과 영상 제작자들이 진심으로 고마웠다.

영상을 보고 여학생들에게 느낀 점을 물어봤더니, 평소에 남학생들과도 두루 친한 승미가 "변태라는 말을 함부로 사용하면 안 될 것 같아요." 하고 대답해 다른 친구들까지 빵 터졌다. 아이들은 평소에 인사 예절, 식사 예절 등을 수시로 교육받지만 이렇게 성적 특징을 배려해 주는 예절에 대해서는 배울 기회가 없다. 이 활동은 사회 구성원으로 조화롭게 살기 위해 지켜야 할 예절을 저마다 하나씩 추가할 수 있는 계기였다.

도전!
자위 이야기

이제 몽정이나 발기를 하게 되는 이유를 알아볼 차례다. 미리 준비한 영상 자료[12]에서 남성 성기의 구조가 입체적으로 적나라하게 나오자 윤승이가 헛기침을 하고 얼굴을 약간 붉히며 부끄러워하는 모습이 보였다. 윤승이는 평소에 이성 친구나 성에 관심이 많은 학생이다. 처음으로 이렇게 많은 친구들이랑 같이 성에 대해 배우게 되니 저절로 그런 반응이 나온 듯했다. 이해가 되면서도, 아이들이 자연스러운 신체의 변화조차 부끄러워하게 만드는 현실은 도대체 어디서부터가 문제인지 다시 한 번 되돌아보게 되었다.

영상 중에 어른이 되면 스스로 사정하는 방법을 알게 되면서 몽정도 저절로 줄어든다고 언급한 부분이 있어, 자연스럽게 "어른이 되면 스스로 사정하는 방법을 알게 된다고 하는데, 어떤 것들이 있을까요?"라고 물었다.

몇몇 남학생들의 동공 지진을 목격하며, 나는 말없이 또 다른 영상 하나를 보여 주었다. 성인인 아들과 어머니가 자위에 대해 솔직하게 이야기하는 내용이었다. 영상 속 어머니는 중학생이었던 아들을 위해 얼굴 수건과 자위용 수건을 따로 준비해 두었다며 아들과 유쾌하게 이야기를 나눴다.

이 영상처럼, 아이들이 보호자에게 자신의 신체 변화에 대해 쉽게 이야기를 꺼내 대화하거나 고민을 상담하길 바랐다. 사실 '자위'라고 하면 많은 청소년들이 죄의식을 느낀다. 자위는 잘못된 것이라는 편견이 있기 때문이다. 그런 편견을 깨고,

자위는 성별에 관계없이 모두에게 자연스러운 현상 중 하나라
는 이야기를 하고 싶었다. 자위는 무조건 나쁜 것이 아니다. 다
만 일상생활에 지장을 주어서는 안 되며, 때와 장소를 구분해
야 하고, 청결하게 해야 한다. 아이들에게 이 말을 해 주기 위
해 많은 연습을 했으나 역시나 '자위'에 대한 이야기를 할 때
내 목소리는 미세하게 떨렸고 솔직히 부끄러웠다. 나도 이런
수업 자체가 낯설고 큰 도전이었기 때문이었다. 나의 부끄러
움을 알아차렸는지 젠더 감수성이 높은 영진이는 "얘들아, 자
위는 부끄러운 게 아니야."라며 나서서 이야기해 주었고, 윤승
이는 이날따라 유난히도 나의 질문에 크게 대답해 주었다.

결국 나는 스스로 아이들에게 고백을 했다. "선생님도 이
런 성교육을 받은 경험이 없고 솔직히 많이 떨리기도 해. 하지
만 우리 반 친구들은 성에 대해 올바르게 알고 부끄러운 것으
로 생각하지 않았으면 좋겠어. 여자가 생리를 하고 남자가 몽
정이나 사정을 하게 된다는 건… 생물학적으로는 남녀가 모두
아이를 임신하고 출산을 '할 수도' 있는 몸이 된다는 거야. 단
순히 섹스를 떠올리거나 음란물이나 웃음거리, 희롱거리로 여
기지 않길 바라. 자신의 몸과 이성의 몸을 제대로 이해하고 소
중히 하며 책임감을 가졌으면 해."

미숙하고 큰 용기가 필요했던 수업이었지만 내 진심만큼은

전달이 되었을까? 수업을 마칠 때쯤 나를 바라보는 아이들의 눈빛은 달라져 있었다.

몰라서 하는 성차별이라면
― 솔직한 성교육이 필요한 이유

아직도 내 주변의 교사나 학부모들은 이렇게 말한다. "크면 언젠가 알아서 알게 되겠죠." "우리 아이는 순진해서 아무것도 몰라요." "그 나이에 '몰라도 되는' 성 지식을 굳이 들춰서 미리 성에 대해서 알게 할 필요가 있나요? 괜히 불필요한 관심을 부추기는 거죠."라고. 그러나 그건 어른들의 간절한 바람일 뿐 이제 시대가 바뀌었다. 학생들은 관심이 없어도 자연스럽게 유튜브나 공유 사이트 등 다양한 매체에서 성 관련 콘텐츠나 무분별한 음란물에 쉽게 노출된다. 우리 아이만큼은 모를 거라 믿고 싶고, 미룰 수 있을 때까지 미루고 싶은 것이야말로 일부 어른들의 왜곡된 시선과 아집이 아닐까? 부모와 교사가 쉬쉬하는 동안 아이들은 다양한 매체를 통해 어른들이 제공하는 것보다 훨씬 더 자극적인 내용을 찾아 헤매며 왜곡된 성 지식을 쌓아 가기 쉽다.

내가 생각하는 성교육 수업은 '백신'과도 같다. 빠르게 변화하는 환경에서 교육이 해야 할 일은 학생들의 눈과 귀를 막는 것이 아니라 올바르고 건전한 성 지식을 제대로 전달하고, 스스로 잘못된 정보를 분별하며 대처할 수 있는 판단력과 실천력을 길러 주는 것이다. 바른 성 지식을 알고, 생활 속에서 부딪치고 토론하며 공론화된 자리에서 함께 답을 찾아 갈 때 더 자연스럽고 편견 없이 성을 받아들일 수 있다.

실제로 수업 이후에 교실의 풍경은 많이 달라졌다. 나부터도 처음에는 수업 준비에 필요한 관련 영상을 찾는 것만으로도 남이 볼까 부끄러워했었다. 하지만 익숙해지니 신기하게도 스스럼없이 받아들이고 있는 나를 발견하게 되었다. 무엇보다 내가 생리에 대해 생각하고 말하는 것이 너무나 편해졌다.

아이들은 나보다 더 개방적이었다. 부끄럽고 숨겨야 하는 은밀한 문젯거리처럼 여기지 않고 더 자유롭게 말했다. 때로는 해방감을 느끼는 것처럼 보였다. 여학생들은 더 이상 "배 아파요."라며 무언의 애처로운 신호를 보내지 않았다. 당당하게 "저 생리통이에요. 보건실 좀 다녀올게요."라고 직접 얘기하니 소통이 편해지고 마음도 편해졌다. 남학생들이 있어도 눈치를 보거나 불편해하지 않았다. 남학생들도 여학생들에게서 '생리'라는 단어를 듣는 데 거북해하지 않았다. 여학생의 몸

상태가 안 좋아 보일 때는 평소와 달리 장난치지 않거나 배려해 주려는 모습을 보였다. 여학생들도 남학생들에게 "너 변태냐?"와 같은 말들을 쓰려다가도 스스로 조심하는 모습이 눈에 띄었다.

서로의 차이에 대해 아는 것, 내 몸에 대한 책임감을 갖는 것, 경험을 부끄러워하지 않고 툭 터놓고 나누는 것. 이런 과정을 통해 아이들은 서로를 있는 그대로 받아들이게 될 것이다. 이해를 통한 존중은 무지로 인한 왜곡된 성 고정관념을 없앨 수 있다. 이제 성을 이야기하자. 더 이상 미루지 말자. 어른들이 먼저 솔직해지자.

▶ 고학년은 성 지식이나 관심도에 편차가 있다. 아이들과 래포가 형성된 후 수업 전에 익명으로 궁금한 점을 쪽지에 써서 제출하라고 하면 아이들 수준에 맞춰 수업을 진행하는 것이 어느 정도 가능하다.

▶ 학교에서 교사가 하는 교육도 중요하지만 연수를 통해 가정에서도 아이들과 직접 대화할 수 있게 하는 '보호자 성교육'도 필요하다. 요즘 학교 현장에서도 학년군에 따른 보호자 성교육 연수를 원하는 보호자들의 요구가 높다. 학교도 이에 맞춰 알맞은 강사를 섭외하거나 관련 내용이 담긴 안내장

등을 배포하고 있다. 교사가 보다 정제된 수업 내용을 제공하고 진행할 수 있겠으나 좀 더 편하고 진솔하게 이야기를 나눌 수 있는 존재는 바로 가까운 보호자(부모)다.

▶ 생리 편, 몽정 편 두 가지 수업 모두 대상을 여학생 또는 남학생으로 한정 지을 필요는 없으나 학생들이 이성 친구들의 눈치를 보느라 수업에 편하게 참여하지 못한다면 남녀 교사가 학급을 바꿔서 성교육을 하는 것도 좋다. 이후 추가로 진행된 수업에서 '스위치Switch 성교육'을 했다. 여학생들은 여선생님과 터놓고 이야기하며 월경 및 성폭력 대응법을 더 자세히 배울 수 있었다. 남학생들은 남선생님과 성폭력과 음란물의 폐해에 대해 심도 있게 알아봤다.

▶ 실과 시간을 통해 면 생리대를 직접 제작해 보고 선물하는 활동도 연계해서 하면 좋다.

▶ 초경부터 (폐경이 아닌) 완경에 이르기까지의 변화를 간단하게 설명하면 완경에 대한 긍정적 이미지도 자연스럽게 심어 줄 수 있다.

▶ 성교육과 관련된 다양한 콘텐츠를 만들어 주시는 분들께 깊은 감사를 드립니다. 앞으로도 같이 힘내요!

배려와 강요 사이

- 임산부 배려석 논쟁

김수진

4
학 년

젠더 감수성의
현주소

나는 지하철을 탈 때면 분홍색 '임산부 배려석' 바로 옆자리에 앉는다. 임산부 배려석의 수호신마냥 지키며 앉아 있다. 누군가 분홍색 좌석에 앉으려고 하면 "죄송한데 이 자리는 임산부 배려석이에요. 자리 없으면 제가 대신 비켜 드릴게요."라고 양해를 구한다. 이렇게 엄청난 오지랖을 떨면 시민들 대부분은 다른 좌석을 찾아 간다. 하지만 왜 여기에 앉으면 안 되냐, 임산부가 오면 비켜 주면 되는 게 아니냐며 무시하고 앉는 시민들도 있다. 지하철 좌석 끝자리인 '로얄석'이기도 하고, 임산부 배려석을 비워 두어야 한다는 법이나 규칙은 없기 때문에 그런 사람들에게 더 이상 뭐라고 이야기하기는 힘들다.

　한 번은 백마역에서 홍대입구역 방향의 경의선을 탄 적이 있다. 자리가 없어 서 있는 내 옆에 우연히 임산부 한 분이 같이 서 있었다. 배가 부르긴 했지만 언뜻 봐서는 임산부인지 모를 정도였고, 가방에는 임산부 배지가 걸려 있었지만 앉아 있는 사람들에게 그 배지는 잘 보이지 않는 듯했다. 게다가 경의선의 임산부 배려석은 좌석 전체가 분홍색이 아니라 스티커만 붙어 있기 때문에 어디가 배려석인지조차 보이지 않았다. 나는 자리에 앉아 있는 사람에게 "앞에 임산부가 서 계신데 혹시 양보해 주실 수 있으실까요?"라고 또 오지랖을 부려야 했다. 감사하게도 그분이 자리를 양보해 주셨고, 그제야 임산부는 자리에 앉아 갈 수 있었다. 하지만 만약 내 자신이 임산부였다면 자리를 비켜 달라고 절대 말하지 못했을 것이다.

2013년 서울시가 지하철 내 임산부 배려석을 도입한 이후,[13] 분홍색으로 물든 이 자리를 둘러싼 열띤 논쟁이 수년간 이어지고 있다. 사실 교통 약자석은 이미 지하철 칸마다 마련되어 있었다. 우리가 흔히 노약자석으로 부르는 좌석이다. 하지만 노인의 노老 자가 앞에 온 탓일까, 고령화 사회에 접어든 탓일까. 그곳은 노인 전용 좌석이라고 봐도 무방하다. 누가 보기에도 몸이 불편한 장애를 가진 사람이라면 모를까, 겉으로 보기에 젊고 배도 별로 부르지 않은 임산부가 노약자석에 앉는 것은 불가능에 가깝다. 그래서 임산부 배려석을 따로 만들었다. 그랬더니 이번에는 왜 임산부만 따로 배려를 받아야 하냐며 불만이 쏟아진다. 온라인상에서는 임산부 배려석 자체에 대한 반감을 갖는 글들도 심심치 않게 올라온다. '배려를 왜 강요하느냐' '임신한 척하면서 임산부석에 앉는 여자들이 문제다' '임신이 벼슬이냐' 등의 의견이다.

'임산부는 배려의 대상'이라는 사회적인 합의가 도출되지 않는 이유는 임신이라는 주제가 가진 특수성에 있는 듯하다. 남성과 여성, 두 사람의 유전자 결합 이후 아이가 태어나기까지 소요되는 약 280일 간의 과정은 남성이 관여할 수가 없는, 여성이 감내해야만 하는 문제로 인식되어 왔다. 남성이 옆에서 할 수 있는 역할은 매우 한정적이며, 임신으로 인한 여성의 신체 변화에 대해 자세히 알지 못하다 보니 공감도 상대적으로 부족하다.

공감하기 위해서는 상상력이 필요하다. 내가 아닌 다른 사람의 관점으로 바라보고, 그 사람의 처지가 되어 이해해야 하기 때문이다. 사람과 사람 사이의 일대일 관계를 이해하는 것이 공감이라고 한다면, 사회 전반의 문제를 볼 때 내가 아닌 다른 사람의 인권을 고려하고 그에 공감하는 것을 '인권 감수성'이라고 한다. 예를 들어 미관을 해친다며 점자 보도블록을 없애자는 의견은 시각장애인의 인권에 대한 낮은 감수성을 보여 준다.

인권이라는 단어는 굉장히 포괄적이다. 사전에서는 인권을 '사람으로서 마땅히 누려야 할, 자유·평등 등의 기본적 권리'로 정의하고 있다. 모든 인간이 인간답게 살아가고 있는지 이야기하기 위해서는 인권을 침해받기 쉬운 소수자에게 공감하고 민감하게 지각하는 능력이 필요하다. 실제 교실에서는 아이들의 인권 감수성을 키워 주기 위한 많은 교육이 이루어지고 있다. 장애이해교육, 다문화이해교육, 학생의 권리, 아동의 권리, 노인 복지, 인종차별에 대한 교육, 종교까지. 매 순간이 인권 감수성을 함양하기 위한 교육이라고 해도 과언이 아니다.

그런데 이 많은 교육 중에 젠더Gender에 대한 내용은 극히 적다. 젠더란 생물학적인 성별Sex에 따라 사회적으로 다시 구분된 성 역할이다. 섹스가 남녀의 생물학적인 '차이'를 드러낸다면, 젠더는 성'차별'을 재생산한다. 인류의 50%가 성별을 이유로 동일 임금을 받지 못하고, 성폭력의 위험에 더 노출되는 현상이 바로 그 예다.

젠더 문제는 가장 포괄적이면서도 보편적인 인권 문제 중 하나지만 지금까지는 배제되어 왔거나 놓치고 있었다. 이 문제를 민감하게 받아들이고 찾아내기 위해서는 젠더 감수성이 필요하다. 최근 우리 사회 전반에서 젠더 감수성의 필요성이 수면으로 올라오고 있다. 평창 올림픽 중계 경기에서는 "여자 한테서는 안 나오는 어려운 동작이다." "남자 선수인데 상당히 유연하다." 등의 발언이 성 고정관념을 조장하는 발언으로 지적되었다. 사실 몇 년 전이었다면 문제라고 여겨지지 않았을 발언이다. 하지만 사람들의 젠더 감수성이 높아지면서 이제는 말 한마디, 소재 하나에서도 젠더 감수성을 체크해야 하는 시대가 되고 있다.

사실 이 책에 나온 모든 수업의 목적은 아이들의 '젠더 감수성 함양'이다. 각 수업의 소재는 모두 다르지만 그 기저에는 우리가 당연하게 받아들이고 있던 부분에 성차별적인 요소가 있지는 않을까 생각하고, 조금 더 민감하게 사회문제를 바라보는 힘을 길러야 한다는 뚜렷한 목표가 있다.

이번 젠더 감수성 수업은 임산부 배려석을 둘러싼 논쟁이 '지하철을 타는 임산부'에 대한 공감 부족에서 시작되지 않았을까 하는 작은 물음에서 출발했다. 그래서 수업에서는 교통약자 배려 교육과 동시에 사회적 소수자인 여성에 대한 공감 확산, 시야를 사회문제로 확장하는 방법까지 다룬다.

중요한 건 임산부 배려석의 존폐를 따지는 것이 아니다. 이런 이슈가 발생한 이유를 아이들과 함께 생각해 보고, 아이들 마음에 '인권 감수성'이자 '젠더 감수성'이 자라날 수 있게 하는 것이다.

조금 특별한 약자, 임산부
― 어떻게 도와야 할까?

열한 살, 4학년 학생들에게 지하철이라는 대중교통은 아직 낯설다. 지하철을 타 본 적 없는 학생들도 많다. 그래서 지하철의 좌석 사진을 보여 주며 수업을 시작했다.

"지하철 안은 사진처럼 열차 양옆으로 길게 앉을 수 있게 되어 있어요. 그런데 주변 좌석과 색이 다른 좌석이 하나 보이네요. 어떤 자리일까요?"

분홍색 좌석에 붙은 스티커를 보고 눈치챈 몇몇 학생들이 임산부 배려석이라고 대답했지만, 대부분은 생소해하기도 하고, 별 관심 없는 표정들이다. 아이들에게 좀 더 와닿을 수 있는 방법을 찾아야 한다. 그럴 땐 선생님의 경험담이 제격이다.

"어제 선생님이 지하철을 탔는데, 임산부 배려석에 어떤 아저씨 한 분이 앉아 있었어요. 다른 자리가 비어 있는데도 그 자리에 앉는 건 어떻게 생각하나요?"

나의 경험을 얘기하며 새로운 질문을 던지니 이제야 골똘히 생각한다. 봉 옆에 기댈 수 있어 편해 보인다, 그저 자리가 비어 있기 때문에 앉은 것이다 등등 각자 다른 관점에서 해석한다. 굳이 임산부 배려석이라고 써 놓았는데 앉는 건 이상하다는 답도 있었다. 이번에는 단순한 현상에서 한 발짝 더 들어간 질문을 던졌다.

"사실 지하철에는 이미 노약자석이 마련되어 있어요. 노약자석은 노인, 장애인, 몸이 불편한 사람들, 임산부 등을 위해 마련된 배려석이에요. 임산부는 노약자석을 이용하면 될 텐데, 왜 임산부 배려석이 새로 생겼을까요?"

"노약자석에 자리가 꽉 차서 그런 거 아닐까요?"

"임산부들이 노약자석에서 양보를 못 받아서 그런 것 같아요."

"이름이 노약자석이라 저는 노인들만 앉는 자리인줄 알았어요."

그래도 꽤 문제 상황을 잘 파악했다. 아이들에게 2013년에 새롭게 생긴 이 좌석을 둘러싼 갈등을 간단히 설명하고, 관련 뉴스 영상을 함께 시청했다.[14] 임산부 배려석에 다른 사람들이 앉아서 정작 임산부는 양보받기 힘들다는 내용이었다. 이제 눈빛들이 사뭇 진지해졌다.

임산부 배려석을 간단히 소개했을 뿐인데 자리를 비워 두어야 한다는 학생도 있고, 그냥 앉아도 된다는 학생도 있어 이 주제를 가지고 토론을 해 보기로 했다. 토론은 나의 의견을 정리할 수 있는 기회도 될 뿐만 아니라 반대 의견의 논거를 파악해야 반박할 수 있기 때문에 내 의견과 상대방의 의견을 모두 파악할 수 있는 좋은 수업 방법이다.

토론 전 손을 들어 사전 의견을 조사해 보니 26명 중 '비워 두자'가 17명, '비워 두지 않아도 된다'가 9명이었다. 아이들 모두가 자신의 주장을 펼 수 있고 별다른 준비 없이 간단히 진행할 수 있는 짝 토론으로 진행하기로 했다.

"짝끼리 가위바위보를 해서 이긴 사람은 찬성 의견, 진 사람은 반대 의견이 되어 5분 짝 토론을 진행합니다. 내 의견과 다른 의견으로 토론을 하게 될 수 있습니다. 토론 전에 찬성과 반대의 근거를 모두 생각해 볼까요?"

한쪽 의견에만 갇히지 않도록 양쪽 의견의 근거를 모두 생각하고 정리해 보는 시간을 가진 후에 짝 토론을 시작했다. 가위바위보로 정한 찬반 의견이지만, 상대방의 의견을 나름대로 반박하며 진지하게 토론에 임했다. 5분 후에 가장 열띤 토론을 한 한 팀을 뽑아 앞에서 대표 토론을 했다. 다음은 대표 토론에서 오간 내용이다.

다연(여학생, 찬성 의견): 임산부 배려석은 비워 두어야 합니다. 한
번 자리에 앉으면 앞에 임산부가 오더라도 양보하기 쉽지 않습니다. 그 자리에 계속 앉아 있고 싶어지기 때문에 아예 앉지 말아야 합니다.

세찬(남학생, 반대 의견): 임산부 배려석은 비워 두지 않아도 됩니다. 비워 두어야 한다는 법을 만든 것도 아닌데 왜 꼭 비워 두어야 합니까?

다연: 그럼 임산부 배려석을 왜 만든 건가요? 임산부 배려석을 만들게 된 의도를 좀 생각해 주세요.

세찬: 저는 임산부 배려석을 만드는 것에 찬성한 적 없습니다.

다연: 어찌 되었든 힘들어하는 임산부를 배려하기 위해 만들어진 좌석이잖아요.

세찬: 임산부 배려석이 있어야만 자리에 앉을 수 있는 건 아닙니다. 빈자리를 찾아 앉거나, 다른 자리에서 양보를 해 주면 됩니다.

다연: 이제껏 양보를 못 받았기 때문에 임산부 배려석까지 만들어진 것 아닐까요? 양보를 잘 받았으면 임산부 배려석을 만들 필요도 없었을 것입니다.

세찬: 임산부 배려석이 가장 좋고 편한 끝자리라 다른 사람들도 다 앉고 싶어 합니다.

다연: 편한 자리이기 때문에 몸이 무겁고 힘든 임산부에게 양보

를 해야 하는 것입니다.

사전 조사도 없이 즉석에서 토론하는 것이 4학년들에게 쉽지 않은 활동인데 나름대로의 논리를 펼쳐 가며 치열한 토론이 이루어졌다. 토론으로 모든 학생들이 임산부 배려석을 둘러싼 갈등에 대해 충분히 고민하는 시간을 가지며 서로의 의견을 이해하는 단계까지 들어섰다. 하지만 공감까지 다가서기에는 아직 조금 부족하다.

마음 편히,
어렵지 않게,
자연스럽게

서로의 의견 차를 좁히기 위한 두 번째 활동을 진행했다. 임산부 배려석을 둘러싼 갈등을 해결할 수 있는 방법을 모둠별로 토의하고 발표해 보는 것이다. 15분의 모둠 토의 시간을 주었다. 어떤 모둠에서는 아직 짝 토론의 여파가 가시지 않은 듯 찬반 논쟁이 이어지고 있었고, 어떤 모둠은 임산부들을 배려할 수 있는 새로운 방법을 찾고 있었다. 주어진 시간이 지난 후 모둠별 해결책을 발표했다. 각 모둠별로 다양한 의견이 나왔다. 법을 만들자는 의견도 있었고 기술적으로 임산부가 왔다는 것을 알릴 수 있는 센서나 장치를 만들자는 의견도 있었다. 꼭 비워 둘 필요는 없다는 의견도 물론 있었다.

1모둠 - 임산부 배려석은 무조건 비워 두어야 한다.

2모둠 - 임산부 배지를 달고 있는 사람들에게 자리를 양보하자.

3모둠 - 임산부 배려석을 비워 둘 필요는 없다.

4모둠 - 임산부 배지에 센서를 달아 임산부가 왔다는 것을 알려 주자.

5모둠 - 임산부 배려석을 비워 두게 하는 법을 만들자.

6모둠 - 임산부 배려석이 비어 있는지 확인하기 위한 순찰을 강화하자.

학생들이 제시한 해결 방법 중에는 실제 시행된 것들도 있었다. 임산부 배려석에 센서를 달아 그에 반응하는 열쇠고리 모양 발신기를 가지고 있는 임산부가 가까이 다가가면 불이 켜지는 시스템을 시범 운영하고 있는 부산 지하철의 사례를 보여 주었다.[15] 실제로 하고 있는 방법이라 말해 주니 학생들도 신기해했다. 이어서 모둠별로 상의한 내용을 정리해, 임산부 배려석에 대한 자신의 의견을 글로 표현하는 시간을 가졌다. 앞선 토론과 모둠 토의에서 중구난방으로 흩어진 의견들을 글로 표현하며 각자의 생각을 정리했다.

• 임산부 배려석을 '먼저' 비워 두자 (희주)

요즘 임산부 배려석에 임산부가 아닌 일반 사람들이 앉는 문제가 있습니다. 그래서 핑크라이트를 설치하거나, 좌석에 인형을 올려 두는 등 여러 가지 방법으로 좌석을 비워 두려는 노력이 이어졌습니다. 하지만 그런 방법 전에 임산부 배려석을 비워 두어야 한다고 생각합니다.

초기 임산부는 배가 나오지 않아 임산부인 것이 티가 나지 않아 양보해 달라고 말을 꺼내기 어렵습니다. 도움을 요청하는 것이 부담스럽고 부끄러울 수도 있습니다. 그때 임산부 배려석이 비어 있다면 마음 편히 앉을 수 있습니다.

임산부 배려석에 돈을 들여 핑크라이트를 설치하는 등의 노력을 하지 않아도 우리는 힘든 사람을 배려하려는 마음을 가지고 있습니다. 사람들이 먼저 배려해서 임산부 배려석을 비워 둔다면 임산부들도 마음 편히 지하철에 탈 수 있습니다. 따라서 임산부를 위해 자리를 먼저 비워 둡시다.

- 임산부 배려석에 핑크라이트를 설치해요 (지호)

177

요즘 지하철에 타면 임산부 배려석에는 건장한 남성들이 앉아 있습니다. 그렇기 때문에 임산부들은 서서 가는 어려움을 겪고 있습니다. 그러니 임산부 배려석에 핑크라이트를 설치합시다.

핑크라이트 칩을 가진 임산부가 핑크라이트에 가까이 오면 자리에 불이 켜져서 사람들이 자리를 양보할 수 있기 때문입니다. 그 자리에 앉아 있던 사람은 부끄럽고 당황스러워서 자연스럽게 비켜 줄 것입니다.

또 핑크라이트를 설치하면 자리를 꼭 비워 두지 않아도 됩니다. 불이 켜졌을 때 자리를 비켜 주면 되기 때문에 자리를 꼭 비워 두지 않아도 됩니다. 임산부가 온 것도 확실히 알 수 있어서 임산부가 서서 가는 어려움도 겪지 않을 수 있습니다. 그러므로 임산부 배려석에 핑크라이트를 설치합시다.

두 글은 비슷해 보이지만 문제 해결을 위한 접근 방식이 다르다. 희주는 임산부가 양보해 달라고 먼저 요청하는 것이 어려울 것이라 생각하며 임산부의 입장에서 자신의 의견을 정리했다. 지호는 임산부 배려석을 비워 두지 않는 일반인의 입장에 집중해 구체적인 해결 방법을 찾았다.

임산부 체험복
― 7KG의 메시지

학생들이 대부분 임산부를 배려해야 한다는 의견으로 기울었지만, 아직까지도 왜 임산부를 배려해야 하냐며 의견을 굽히지 않은 학생들도 있었다. 그래서 학생들이 직접 임산부가 되어 보는 역할극을 진행했다. 역할극은 평소에 접하기 힘든 상황이나 다른 사람의 역할을 경험해 보며 자신과 타인의 행동에 대한 새로운 통찰을 얻게 하는 방법이다. 그러나 갑자기 "이제부터 너는 몸이 무겁고 배도 아픈 임산부 역할을 해야 해."라고 말한다고 감정이입이 되진 않는다.

학생들이 임산부 역할에 몰입할 수 있는 방법을 고민하다, 지역 보건소에서 임산부 체험복을 대여했다.[16] 하나당 7kg, 무게가 상당했다. 그래도 이 체험복이면 임산부에게 더 쉽게 공감할 수 있겠지 하고 생각하며 두 세트를 직접 학교까지 들고 왔다.

역할극을 하기 전 임산부 체험복을 보여 주니 반응이 뜨거웠다.

"제가 입어 보고 싶어요!"

"한 번만 만져 보면 안돼요?"

"얼마나 무거워요?"

"선생님도 입어 보셨어요?"

다들 입어 보고 싶어 아우성인 것을 겨우 진정시키고 설명을 이어 갔다. 역할극의 상황은 지하철 안 임산부 배려석으로 설정했다. 모둠 안에서 역할을 정해 갈등 상황을 직접 짜고 연기하라 안내하고 15분 정도 준비 시간을 주었다. 학생들 스스로 임산부 역, 시민 역, 도와주는 시민 역, 노인 역 등 다양하게 역할을 나누고 1~2분 정도의 짧은 극을 만들었다.

앞선 활동에서 나누었던 임산부 배려석에 대한 고민이 역할극에서 생생하게 표현되었다. 비어 있는 임산부 배려석에 일반 시민이 앉는 상황, 임산부가 와도 휴대 전화를 보며 모르는 척하는 상황, 다른 자리에 앉은 시민이 임산부에게 자리를 양보해 주는 상황 등 다양하고 재미있는 역할극이 펼쳐졌다. 활동 후의 소감을 물었다.

"임산부 체험복이 너무 무거워서 저절로 배 부분을 받치고 있는 자세가 되었어요. 그런데 자리를 양보도 안 해 주니 너무 서운했어요."

"생각보다 무거워서 어깨와 배가 다 아팠어요. 이렇게 무거운데 자리에 앉지도 못하고 서 있으면 너무 힘들 것 같아요."

"저는 체험복을 10분도 안 입고 있었는데 이 생활을 10개

이해에서 공감으로

월이나 해서 아이를 낳은 임산부들이 멋지고 대단하다고 생각해요. 제가 쌍둥이어서 저희 엄마는 더 힘드셨을 거라고 생각하니 갑자기 죄송해요."

토론과 글쓰기를 끝마쳤을 때는 "그래, 임산부가 힘들겠지, 배려해 주어야지."라고 말은 했지만 머리로만 이해하고 있었다. 하지만 역할극을 통해 비로소 아이들은 임산부에게 공감했다. 이후에 교사가 "임산부를 위해 자리를 양보하고 비워 두세요."라고 이야기하는 것은 사족이 될 뿐이었다. 임산부뿐만 아니라 교통 약자에 대한 배려가 같이 싹튼 것은 말할 것도 없다. 이제 학생들은 수업 전에는 잘 알지도 못했던 임산부 배려석을 남들보다 조금 더 민감하게 바라볼 수 있게 되었다.

젠더 교육은
인권 교육이다

젠더 교육을 한다고 하니 주변에서 다들 걱정스런 눈빛을 보낸다. 남들이 하지 않는 주제이기에, 왠지 특별하고 위험해 보이는 것 같다. (젠더라는 단어가 주는 어감이 익숙하지 않아서일 수도 있겠다. 10년, 20년 위의 선배 교사들은 '젠더'라는 단어를 들었을 때 트랜스젠더가 가장 먼저 떠오른다고 했다.) 그 생각으로 이 책을 집어 든 사람이라면 지금쯤 이렇게 생각할 수도 있겠다.

'젠더 교육, 별거 없잖아?'

나는 장애인이 아니며, 외국인도 아니다. 그러나 그들이 한국 사회에서 어떤 차별을 받고 있는지 알고 공감할 수 있다. 교육받았기 때문이다. 직접 경험하지 못하는 사례들을 사회 시간에, 도덕 시간에, 장애인의 날 체험 행사를 통해, 또는 뉴스를 통해 배우고 익혔다.

그러나 임산부로서, 여성으로서, 남성으로서 어떤 차별을 받고 있는지는 배우지 않는다. '성' 혹은 '젠더'는 다른 주제보다 더 보편적이고 포괄적임에도 불구하고, 민감하고 조심스러운 것으로 여겨졌다. 성을 금기시하는 폐쇄적인 문화와 더불어, 젠더 문제를 다루는 것이 남녀 편 가르기처럼 느껴졌기 때문일 것이다.

젠더 교육은 사실 인권 교육과 크게 다르지 않다. 서로의 다양성을 존중하고 이해하고 배려하는 것이 젠더 교육이기 때문이다. 배움과 활동을 통해 자신의 권리를 알고 행사할 수 있으며, 타인의 인권을 존중하고 옹호하는 방법을 배우는 것이 인권 교육이라 한다면, 젠더 교육은 인권 교육에서 '젠더'라는 주제로 좀 더 깊게 생각해 보는 것이다. 임산부 배려석 수업도 그러하다. 여성의 문제임과 동시에 교통 약자 문제이며, 젠더 감수성 수업임과 동시에 인권 감수성 수업이다. 불평등의 구조가 공고한 대한민국에서 자연스럽게 젠더 감수성을 갖기는 힘들다. 우리가 장애를, 다문화를 배우며 인권 감수성을 키웠듯이 이제는 젠더를 배우고 젠더 감수성을 키울 차례다.

▶ 관련 단원은 아래와 같다.

1. 사회 4학년 2학기: 2-(2). 성 역할의 변화와 양성평등 사회(양성평등 사회를 만들기 위한 노력)

2. 국어 4학년 2학기: 2. 제안하고 실천하고(주변의 문제에 대해 자신의 의견과 이유를 글로 쓰기)

교직 사회의 성차별

구예형

최근 직장 내 성차별, 성폭력 문제가 끊임없이 불거지고 있습니다. 오랫동안 '으레 그래 왔던' 인권침해 상황에 대한 민감성이 생기고 그것을 말할 용기를 얻으면서 케케묵은 문제들이 이제야 수면 위로 떠오른 것이겠지요. '회식 자리에서 여자에게 술을 따르게 하기' '힘이 드는 일은 남자에게 시키기' 등 사례는 수도 없이 많습니다.

학교는 아이들이 바르고 행복하게 클 수 있도록 돕는 곳이자 단체 생활을 통해 사회를 간접 체험할 수 있는 곳입니다. 그렇기에 학교에서는 배려, 성실, 진실, 용기 등의 덕목을 강조하고, 교사들은 함께 지내는 친구들을 존중하고 배려하라고 늘 말하지요.

그렇다면 교사들은 교직 사회에서 차별당하지 않고 행복하게 지내고 있을까요? 이에 교사들이 대답합니다.

무거운 물건을 옮길 때마다 힘쓰는 건 남교사들 몫입니다. 수업 후에 사무 업무를 보려 하면 부르고. 아이들과 수업하느라 지쳤는데 힘이 드는 일까지 도맡아 하려 하니 어쩔 때는 서럽더라고요. 운동회만 해도 그래요. 만국기를 달고 트랙을 박는 것은 언제나 저를 포함한 몇몇 남교사들이죠. (청주 남교사)

하루는 교실 문이 열리더니 남자 선생님들 네 분이서 교과서를 전달하고 가시더라고요. 왜 네 분이서만 하시냐고 물었더니 네 분에게만 연락이 와서 이 일을 하고 있다고 하셨어요. 도와드린다고 해도 한사코 말리시고는 교과서가 산더미같이 실린 수레를 밀고 다음 교실로 가시는데 마음이 안 좋았어요. 제가 남자 선생님 한 사람보다 더 약할 수 있겠죠. 그러면 저와 같은 사람 두 명이 한 조가 되어서 하면 되잖아요? (청주 여교사)

처음 학교에 발령받았을 때 젊은 여자 선생님들이 앞에 나와서 환영한다는 노래를 불러 주시더라고요. 그때는 그런가 보다 했는데. 교장 선생님 퇴임식이 되자 저도 함께 다른 선생님들 앞에서 노래를 불러야 했어요. 어떤 선생님은 농담으로 '기쁨조'라는 단어까지 쓰시더군요. 교장 선생님뿐이게요. 남교사 퇴임 땐 여교사가 꽃을 주고 악수까지 해야 해요. 그럴 때면 친목부장님이 "꼭 포옹도 해 주세요."라고 요구하실 때도 있죠. (고양 여교사)

여교사 엉덩이를 나이 든 남교사가 두드리면 난리가 나죠. 그런데 제 경우는 다르거든요. 나이 든 여교사들 사이에 있으면 젊은 저는 성적인 농담의 대상이 될 때가 있어요. 심지어 엉덩이를 토닥이기도 해요. 한 번은 "운동 열심히 하시나 봐요. '힙업'이 잘 되어 있네. 얼굴이 못생겼으니 몸으로 승부하시나 봐요."라는 말도 들었어요. 성추행이라고 말하기도 쉽지 않아서 수치스러워도 참고만 있어요. 유난히 남교사에게 가해지는 성폭력에는 둔감한 것 같습니다. (안산 남교사)

전 국어과 전공이에요. 그런데 체육 관련 업무는 당연한 듯이 제가 맡아서 하고 있더군요. 배구 수업은 옆 반 여자 선생님이 더 잘하시던데. 제 동기들도 비슷한 것 같아요. 주로 남자 동기들이 체육 관련 업무를 맡고 있어요. 배구 이야기가 나와서 말인데, 기간제 교사를 뽑을 때 배구 잘하는 남자만 고르는 경우도 자주 있어요. (부천 남교사)

부장님이 화장실까지 따라와서 그러시더라고요. 왜 화장을 안 하고 다니느냐고요. 화장을 하고 안 하고는 제 자유인데 말이에요. 남자 선생님들도 모두 화장을 안 하고 다니세요. 그런데 저에게만 유독 화장을 하라고 하시는 이유는 뭘까요? (인천 여교사)

* 여러 사람의 이야기를 취합해 재구성했습니다.

성차별, 성폭력은 교직 사회 내에서도 발생합니다. 젠더 감수성이 부족하기 때문일 것입니다. 만약 교사들이 성차별에 조금만 더 민감했다면 위에서 나열된 사례는 이렇게 바뀌지 않았을까요. '학교에서 모든 교직원에게 메시지가 왔습니다. 내일 운동회가 있으니 준비를 도울 수 있는 사람들은 지금 운동장으로 나와서 함께하자고 하더군요. 급한 출장이 있는 분을 포함한 몇 분을 제외하고는 모두 나와서 트랙을 박고 만국기를 달았습니다. 지친 선생님들을 위해 체력이 좋으신 선생님 몇몇이 교무실에서 시원한 음료를 내오셨습니다…'

교사가 어떠한 사람이냐는 교직 사회의 문화를 좌우할 뿐만 아니라 아이들에게도 매우 중요한 문제입니다. 교사는 학급이라는 작은 사회를 꾸려 가는 나침반이자 학급의 중심을 잡는 추와 같은 역할을 합니다. 또한 학급에서 유일하게 권위를 가진 사람이고 나이가 가장 많은 어른이지요. 아이들은 '교사'가 정규 수업 시간에 가르치는 지식을 습득하기도 하지만, 때로는 수업보다 학급 내에서 함께 생활하는 '어른'에게 더 많은 것을 배웁니다. 때론 보호자들까지도 교사의 철학을 공유하며 그에 따라 가정 문화를 바꾸기도 합니다. 이러한 점을 고려해 볼 때, 교직 사회의 성차별은 더 이상 교사들만의 문제라고 선을 긋기 어렵습니다. 교실 내 학급 문화에 영향을 미치고 학생들에게는 성차별로 돌아가고 있기 때문입니다.

예를 들어 볼까요. 학급을 운영하는 방법 중 학생들이 각자 한 가지씩 역할을 맡아서 실천하는 것이 있습니다. 간단히 1

인 1역할이라 부르기도 합니다. 이 역할에는 유인물 가져오기, 선생님 심부름하기, 칠판 지우기, 화분에 물 주기, 학급 색연필 정리하기 등이 있습니다. 역할을 고르는 것은 자유라고 학생들에게 말하지만 그래도 어떤 역할들은 남학생이, 또 어떤 역할들은 여학생이 맡아 주었으면 하지요. 여학생이 무거운 우유 박스를 들고 오다 떨어뜨리지는 않을지 걱정이 되고, 남학생이 심부름을 제대로 하지 못해 번거로운 상황이 생기면 어쩌나 괜스레 우려스럽습니다.

만약 선생님 심부름하기 역할에 남학생이 뽑히면, 학기 초에는 배분된 역할에 따라 심부름을 시키다가도 어느새 영리한 여학생들에게만 심부름을 시키는 교사 자신을 발견하게 됩니다. 시간이 조금만 더 지나 익숙해졌다면 그 남학생이 심부름을 더 잘할 수 있었을 것입니다. 어쩌면 애초에 남학생과 여학생 모두 심부름을 잘하는 정도에는 큰 차이가 없었을 수도 있습니다. 다만 교사만이 학생에 따라 차이가 있다고 생각한 것일 수 있습니다.

학년이나 학교 단위로 초점을 옮겨 볼까요. 운동회가 끝난 후에는 상품을 나누어 줍니다. 상품은 주로 공책인 경우가 많고, 운동회가 시작하기 한참 전에 미리 준비합니다. 운동회는 학교의 큰 행사이기 때문에 여러 선생님들이 모여 어떤 상품을 얼마나 준비할지 의논하는 과정을 거치는데요. 많은 경우 남학생과 여학생 수대로 파란색과 분홍색 공책을 산더미처럼 사 둡니다. 나누어 주고 나면, 꼭 몇몇 학생들이 교사에게 다가와 말하지요. "선생님, 저 파란색으로 바꾸면 안 돼요?" 혹시 이렇게 대답한 적은 없으신가요. "안 돼요. 여자는 분홍색을 나누어 주었잖아요." 곰곰이 다시 생각해 본다면 굳이 그렇게 대답할 필요가 없다는 걸 금방 알아차릴 것입니다. 파란색 공책이 남았다면 굳이 안 된다고 할 것 없이 학생이 원하는 색깔로 바꿔 줄 수 있습니다. 혹은 분홍색 공책을 원하는 남학생과 바꾸도록 할 수도 있습니다. 아니, 처음부터 각자가 좋아하는 색깔을 고르게 한다면 색깔을 바꿔 달라고 요청하는 학생들도 없을 것입니다.

교사가 가진 것들은 고스란히 아이들의 것이 됩니다. 성차별에 대한 민감성 역시 마찬가지겠지요. 교사는 교직 사회의 일원이기도 합니다. 개개인이 성 고정관념과 성차별에 둔감하면 이는 곧 교사 전체의 불편으로 돌아올 가능성이 높습니다. 그런 면에서 교사는 매우 중요한 위치에 있습니다. 교직 사회의 문화를 바꾸고 학급의 분위기를 바꾸고 모든 아이들이 있는 그대로 인정받는 사회를 만들기 위한 초석을 놓을 수 있는 사람은 교사일 것입니다.

✕ 교실에서 페미니즘

3

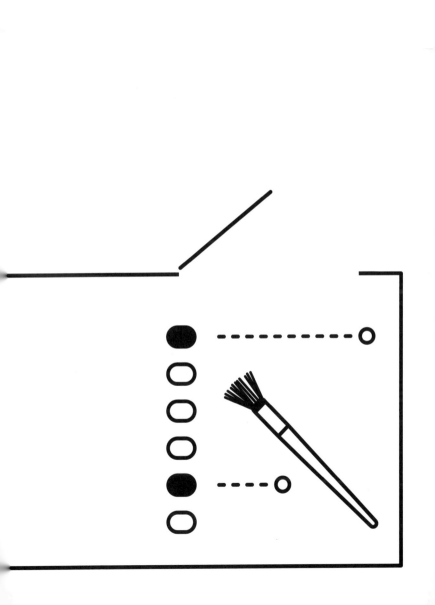

《돼지책》이
알려 준
엄마의 하루

김수진

4
학년

집안일은
누구의 일일까?

아무런 약속도 없는 휴일. 뒹굴뒹굴하고만 싶지만 현실은 밀린 집안일을 하느라 정신이 없다. 바닥을 닦고, 청소기를 밀고, 이불 한 번 털면 벌써 12시. 먹을 게 없어 마트에 들러 장을 봐와 점심을 대충 때우고 나면 설거지가 또 쌓인다. 설거지 후엔 기다리는 빨래 더미 개기, 분리수거, 화장실 청소까지. 집안일만 하다 하루가 다 가는 날도 있을 만큼 해도 해도 끝이 없다. 혼자 하기엔 벅찬 양이다. 아이가 있는 집은 아이를 돌보는 일까지 플러스알파+α로 추가될 터다.

집안일은 누구의 일일까? 미혼 남녀 300명을 대상으로 설문 조사를 시행한 결과, 결혼 후 집안일은 '부부 공동 책임'이라고 생각하는 비율이 87%에 달했다.[1] 이상적인 조사 결과다.

그렇다면 실제로 공동 책임을 지고 있을까? 통계청에 따르면 여성은 가사 노동에 하루 평균 259분, 남성은 50분을 할애한다.[2] 이것이 이상과 현실의 차이일까. 남녀 가사 노동시간이 다섯 배 이상 차이가 난다. 젊은 세대의 인식 변화에도 불구하고 가정 내 성 역할은 왜 그대로일까.

아직도 남성은 회사에 다니며 생계를 책임져야 하는 문화, 여성은 가사와 육아를 담당할 수밖에 없는 현실 때문일 것이다. 젊은 세대의 성평등 의식은 높아졌지만, 인식의 변화를 정책이나 제도가 따라오지 못하고 있다. 일과 가정 사이에서 무언가를 포기해야 할 때 여성은 육아휴직 등의 제도를 활용하거나 일을 그만두는 반면, 남성은 생계를 위해 일을 더 하는 것을 선택한다. 아직 아빠의 육아휴직이 활성화되지 않았기 때문이기도 하지만, 결국은 전통적인 성 역할에서 자유로울 수 없음을 보여 준다.

맞벌이 부부의 경우는 어떨까. 혼자 벌어서는 애 키우기 힘든 사회에서 이른바 '워킹맘'으로 생활하는 여성들이 236만 명까지 늘었지만 집안일에서는 자유롭지 못하다. 임신, 출산, 육아, 교육, 가사 노동까지 모두 엄마의 몫이다. 명절이면 이 스트레스는 곱절이 되어 늘어난다. 버티다 못해 '엄마를 파업' 하고 '며느리 사표'를 쓰는 사람까지 생겨났다.[3] 전통적인 엄마의 역할에 대해 이제껏 의심하지 않은 탓이다.

소꿉놀이를 하는 어린아이들을 보면 아직도 엄마 역할의 여자아이는 "여보~ 식사하세요."를 외치고 아빠 역할의 남자아이는 "나 회사 다녀올게."를 정해진 대사처럼 읊는다. 이렇게 아이들은 학교에 다니기 전 가정에서부터 이미 사회화가 시작되고 보호자의 행동을 보며 일상적으로 배운다. 아이가 매일 보는 장면이 엄마가 모든 집안일을 도맡아 하는 모습이라면, 학교에서 '가정의 집안일은 모두가 함께하는 것'이라고 배운다 한들 과연 그 배움이 내재화될 수 있을까? 답습되는 성역할을 끊어 내기 위해서는 가정에서부터 시작해야 했다. 지금과 같은 가정 내에서는 엄마나 아빠 모두가 힘들다고, 이제는 서로의 짐을 함께 나누어야 할 때라고. 엄마도 가정 경제를 담당하고, 아빠도 집안일을 함께하는 모습을 자연스럽게 보고 익힌다면 미래에 아이들은 부부간의 역할과 지위가 평등한 가정을 꾸릴 수 있지 않을까?

애들은 엄마가
집에서 논다고 말했다
─ 집안일 그래프 만들기

수업 전, 부모님의 맞벌이 비율을 조사했다. 맞벌이 가정과 그렇지 않은 가정의 가사 분담 차이가 분명히 있을 터라 필요한 질문이었다. 26명 중 10명이 맞벌이 가정이었고 나머지 16명은 아버지만 직장에 다닌다고 답했다. 2017년 통계청 조사에 따르면 자녀를 둔 한국 부모의 맞벌이 비율은 44.6%,[4] 우리 반은 한국 평균보다 조금 낮은 비율이다.

어머니들도 집에서 많은 일들을 한다는 대답을 듣기 위해 질문을 던졌다. "그럼 직장을 안 다니시는 어머니들은 집에서 그냥 놀고 있기만 한 걸까요?" 그런데 의외의 대답이 나왔다.

"저희 엄마는 집에 누워만 계시는데…."

"제가 학교 끝나고 집에 가면 TV만 보고 계세요."

"저희 엄마는 진짜 아무것도 안 하고 노는 거 맞아요!"

큰일이다. 직장을 다니지 않는 부모님들도 집에서 해야 할 집안일이 많다는 공감이 있어야 수업이 진행될 텐데, 아이들은 직장을 다니지 않으면 집에서 논다는 인식이 강했다. 집안일은 대부분 아이들이 학교에 있는 동안 이루어지기 때문인지, 집에서 어떤 일들이 일어나는지 모르는 눈치였다. 더 기본부터 시작해야 한다. '집안일'의 정의를 내린 후, 그 종류를 함께 찾아보기로 했다.

"집안일은 집에서 일어나는 여러 가지 일을 말해요. 집과 우리 가족을 관리하고 유지하기 위해서 하는 일이죠. 여러분이 알고 있는 집안일을 모두 찾아볼까요?"

"제가 집에서 TV 보는 건요?"

"TV 보기는 쉴 때 하는 여가 생활이지, 가족과 집을 관리하는 일은 아니죠."

"그럼 빨래하기 같은 거요?"

"그렇죠. 빨래나 청소는 집안일이랍니다. 또 무엇이 있을까요?"

처음에는 조금 헤매더니 이내 설거지, 밥하기, 장보기, 분리수거, 전등 갈기 등 수많은 집안일들을 찾아냈다. 아이들도 쉽게 생각할 수 있는 가사 노동이었다. 하지만 집안일의 가장 큰 부분인 '육아' 관련 일은 바로 나오지 않았다. 아이들이 '내가 바로 집안일이라니!'를 깨닫는 건 힘들 수 있다. 부모님이 여러분을 돌보고 챙겨 주기 위해 하시는 일을 더 찾아보라 질문을 던졌더니 육아, 교육과 관련한 집안일이 몇 개 더 나왔다. 등·하교할 때 차 태워 주기, 학원 데려다 주기, 숙제 검사하기,

알림장 확인하기, 준비물 챙기기, 학원비 내기, 동화책 읽어 주기, 장난감 치우기.

큰형이 고등학생인 집도, 막내가 아직 네 살인 집도 있어 넓은 스펙트럼의 집안일이 더해졌다. 얼추 다 나왔다고 생각했을 때쯤, 현우가 빠진 게 있다고 했다.

"선생님, 저희 집 막내는 쪼롱이(강아지)인데요?"

내가 강아지나 고양이를 키우지 않다 보니, 반려동물에 대한 것은 생각도 못하고 있었다. 반려동물을 키우는 데 필요한 집안일 몇 가지를 더 추가했다. 강아지 산책시키기, 밥 주기, 씻기기, 털 빗겨 주기.

칠판이 집안일들로 가득 채워졌다. 세어 보니 60개도 넘었다. 이 많은 집안일은 누가 다 하고 있을까. 먼저 함께 찾아본 집안일 중 우리 집에서 많이 일어나는 일을 20개 정도 골라 포스트잇에 적었다. 그리고 활동지에 가족 구성원 수만큼 칸을 나누었다. 엄마, 아빠, 나까지 세 칸인 집도 있었고 조부모까지 함께 살아 여섯 칸이 넘는 집도 있었다. 각 칸 가장 밑에 구성원들의 이름을 쓰고 그 위에 집안일 포스트잇을 쌓듯이 붙여 나갔다. 장보기는 아빠 칸에, 설거지는 엄마 칸에, 화분 관리는 할아버지 칸에. 그냥 붙이면 격차가 눈에 잘 띄지 않기 때문에 막대그래프 형식으로 붙였다. 집안일 포스트잇 한 장이 막대

설거지

빨래 돌리기

공과금 납부

반찬 만들기

청소기 돌리기

장보기

음식물 쓰레기 버리기

빨래 개기

밥 짓기

걸레질 하기

다리미질 하기 　 화분 물주기

아이 학원 데려다주기 　 장난감 치우기 　 빨래통 나르기

아빠	엄마	나	시호

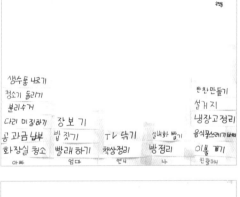

생수통 나르기
청소기 돌리기
분리수거
다리미질하기 　 장보기
공과금 납부 　 밥 짓기 　 TV 닦기 　 설거지 빨기 　 음식물 쓰레기 버리기
화장실 청소 　 빨래 하기 　 책상정리 　 방정리 　 이불 개기

반찬 만들기
설거지
냉장고정리

아빠	엄마	언니	나	진공청소기

청소기 돌리기

김 원 (10.3기념, 300원)

애벌래고 닦기

빨래널

시장가서 장보기

설거지

장난을 치워 　 분리수거, 음식물 쓰레기, 50원 　 다리미질 하기

쓰레기 정리 (재활용까지) 　 신발장 　 닦기 　 밥하기, 반찬 만들기 시금치같이 　 장난감 정리

나	동생	엄마	아빠

그래프 한 칸을 의미했다.

붙이고 보니 대부분의 가정에서 집안일을 엄마가 맡아 하는 것이 한눈에 드러났다. 물론 아빠가 더 많은 일을 하는 집도 있었다. 26명 중에 두 명이었다. 아이들과 함께 그래프를 돌려 보고 이야기를 나누었다. 한 학생은 "아빠가 하는 일이 아무것도 없어요. 아빠보다 제가 더 많이 해요. 시우(남동생)도 아무것도 안 해요."라며 불만이라는 듯이 투덜댔다. 집안일을 나누다 보니 상대적으로 아빠의 역할이 작아 보였다. 외벌이 가정은 더 그랬다.

또 한 학생은 "엄마가 하는 일이 너무 많아 칸이 모자라요."라며 책상까지 삐져나온 그래프를 보여 주었다. 수업 전, 우리 엄마는 집에서 누워만 계신다던 그 학생이었다.

피곳 부인과의
인터뷰

가족들이 아무도 도와주지 않고 혼자 집안일을 도맡아 한다면 어떤 기분일까. 이 주제를 쉽고 재치 있게 다룬 그림책이 있어 수업에 활용하기로 했다. 앤서니 브라운의 《돼지책》이다.[5]

《돼지책》은 피곳 씨 가족의 이야기다. '아주 중요한' 회사에 다니는 피곳 씨와 '아주 중요한' 학교에 다니는 두 아들(사이먼, 패트릭)은 집에서 아무것도 하지 않는다. 집안일은 모두 엄마 몫이다. 힘들어하던 엄마는 결국 집을 나가 버린다. 엄마의 고달픔을 뒤늦게 깨달은 아빠와 아들들은 집안일을 나누어 하기로 한다.

함께 책을 읽기 전에 표지를 보여 주며 읽어 본 적 있는지 물었더니 절반 정도의 학생들이 읽어 봤다고 손을 들었다. 다 아는 내용이라 지루해하지 않을까 걱정을 했는데, 우리 집의 가사일을 직접 나누어 보고 다시 읽으니 또 다른 느낌으로 다가오는 듯했다. 교사가 들려주는 네 식구의 이야기에 학생들은 떠들지도 않고 흥미진진한 표정으로 귀를 기울였다.

읽은 후에는 인물 인터뷰 활동을 진행했다. 모둠별로 토의해서 책 속 인물들에게 묻고 싶은 질문을 다섯 개 정도 정하는 것이다. 예를 들면 피곳 부인에게 "왜 집을 나가실 때 '너희들은 돼지야!'라는 쪽지를 쓰고 나가셨나요?" 따위의 질문이었다. 인터뷰 질문을 정한 후에는 아이들이 직접 인터뷰를 해 보기로 했다. 인터뷰에 응할 주인공들이 필요했다. 피곳 씨, 사이먼, 패트릭, 피곳 부인이 되어 주인공들의 심정을 잘 이야기할 수 있는 학생들을 지원자 중에서 뽑았다. 뽑힌 네 명의 학생들은 앞에 나와 각각의 역할을 가슴에 써 붙이고 의자에 앉았다.
모둠별로 돌아가며 궁금한 것들을 질문했다.

"피곳 부인은 왜 집안일을 계속 참으며 혼자 했나요?"
(피곳 부인) "도와달라고 이야기했지만 아무도 도와주지 않았어요.
그 이후로는 포기하고 혼자 했습니다."

"피곳 씨는 집이 아닌 회사에서도 그렇게 게으르신가요?"
(피곳 씨) "아니요. 회사에서는 일을 빠르게 처리합니다."
(피곳 부인) "회사에서도 그렇게 게으르면 잘릴 걸요?"

"부인이 나갔을 때 무엇이 가장 힘드셨나요?"
(피곳 씨) "밥하는 게 가장 힘들었어요. 한 번도 해 본 적이 없었거
든요."
(사이먼) "맛없는 밥을 먹는 것이 가장 끔찍했어요. 엄마가 너무
보고 싶었어요."

"피곳 부인은 집을 나갔을 때 어디에 계셨나요?"
(피곳 부인) "스트레스를 너무 많이 받아서 클럽에 갔어요.
춤도 추고 술도 마시며 스트레스를 풀었어요."

"왜 집을 나갈 때 '너희들은 돼지야!'라는 쪽지를 쓰셨나요?"

(피곳 부인) "저에게는 나머지 가족들이 돼지처럼 느껴졌어요.
먹기만 하고 치우지도 않으니까요."

"앞으로 엄마를 잘 도울 건가요? 어떤 일을 도울 건가요?"

(사이먼) "저는 침대 정리도 하고 밥하는 것도 도울 거예요."

(패트릭) "설거지를 할 거예요."

앞에 나온 학생들이 역할에 얼마나 몰입했던지, 피곳 부인
역을 맡은 학생은 피곳 씨가 너무 뻔뻔하다며 화를 내기도 했
다. 덕분에 다른 학생들도 굉장히 즐거워하며 인터뷰에 몰입
했다. 책 한 권 같이 읽고 즉석에서 주인공의 심정을 파악해 연
기하기란 사실 쉽지 않은 일이다. 그럼에도 인터뷰 형식의 역
할극이 성공적으로 끝난 이유는 앞에 나온 네 명뿐만 아니라
교실 안 학생들 모두가 집안일을 도맡아 하는 피곳 부인에게
공감했기 때문이었다.

나와 내 동생, 아빠는
사이먼, 패트릭, 피곳 씨 같았다

"학문이라면 내 남만 못하겠는가? 그러나 군자답게 몸소 실천하는 데는 아직 충분한 경지에 이르지 못했다." 명문이다. 내가 한 말은 아니고 공자의 말씀이니 당연하다. 자고로 배움은 실천으로 이어져야 하는 법. '집안일은 가족 모두의 일이다', 당연해 보이는 이 명제의 실천을 위해 멀리도 돌아왔다.

"피곳 부인은 나머지 가족들이 집안일을 함께했기 때문에 다시 집으로 돌아올 마음이 생겼어요. 여러분의 가족은 어떤가요? 이대로도 괜찮은가요? 혹시 집안일에 힘들어할 가족이 있지는 않나요?"

앞서 만들었던 각자의 집안일 그래프를 바꿔 보기로 했다. 한 명에게 집안일이 몰리지 않도록 다른 구성원에게 나누어 보는 것이다. 아이들은 포스트잇을 뜯어 이리저리 다시 옮겨 붙였다.

"장난감 정리는 저랑 제 동생이 할 수 있을 것 같아요."

"엄마가 하시던 분리수거는 저와 아빠가 함께할게요."

이렇게 수정한 집안일 그래프는 각자 집으로 가져갔다. 가정에서 함께 바꾼 그래프를 살펴보고, 그대로 실천해 보는 숙제를 내 주었다. 아마 숙제 검사는 어렵겠지만, 아이들과 함께 나눈 수업이 가정에서도 공유되고 이어지길 바랐다. 이후 몇 몇 학생들이 가족회의를 했다고 전해 왔다. 한 번도 이야기 나누어 본 적 없던, 기껏해야 어버이날 효도하기 미션 정도로 생각했던 집안일 돕기가 이제 구성원 모두가 함께해야 하는 일로 바뀌었다.

- 집안일을 많이 하는 사람은 나가 놀고 싶고, 쉬고 싶을 것 같다. 그런데 만약 도와주는 사람까지 없다면 화가 나고 속상할 것이다. 집안일 역할 그래프를 마지막에 바꾼 것처럼 꼭 실천할 것이다. 가족들이 비슷한 양의 일을 한다면 불공평하지도 않고, 한 사람만 힘들지 않으니까 좋을 것 같다. 나는 절대 피곳 씨, 패트릭과 사이먼처럼 되지 않을 것이다.

- 수업 전에는, 집안일을 하는 사람은 엄마라고 생각하고 있었다. 그런데 집안일 그래프를 만들어 보니 그저 우리가 도와주지 않았던 것이지, 엄마가 하는 일은 우리가 반 이상 할 수 있는 일이었다. 그리고 《돼지책》을 읽으면서 나와 내 동생, 아빠가 사이먼, 패트릭, 피곳 씨 같았다. 예전에 책을 읽을 때는 '쟤네들 진짜 나쁘네'라고 생각했는데 우리 가족도 마찬가지였던 것이다. 또 엄마도 그만큼 힘들었을 것이다. 지금이라도 알았으니 집안

일 그래프를 고친 것 이상으로 엄마를 많이 도울 것이고, 나머지 가족들에게도 말해야겠다.

- 내가 만약 결혼을 한다면 부인한테만 일을 시키지 않고 가족이 다 같이 집안일을 할 것이다. 또 가족의 역할에 대해 배워서 좋았다. 앞으로는 엄마만 집안일을 하는 것이 아니라 모두 다 같이 하는 가족이 되면 좋겠다!

서로가 짊어진 무게를 알아가기를

"저희 아빠는 월요일부터 금요일까지 집에도 못 오고 일을 하셔서 집안일을 할 시간이 정말 없어요." 수업 도중 한 학생이 내뱉은 말이다. 모든 가정의 조건이 다 같지 않고, 또 대부분 아버지가 가정의 생계를 책임지고 있는 상황이라 가사 노동 분담에 대한 수업을 하기가 쉽지 않았다.

수업 전 조사에서도 맞벌이 부부보다 어머니가 전업주부로 계신 가정이 더 많았고, 그러다 보니 집안일도 어머니가 더 많이 했다. 자칫하면 아빠는 나쁘고 엄마만 힘들게 일하고 있다는 결론으로 이어질 수 있었다. '한 성별에 치우친 수업을 하게 되진 않을까?' 젠더 교육을 하면서 하게 되는 가장 큰 고민이다. 가사 노동 분담 수업도 그러했다. 일과 가정의 균형이 이미 무너져 있는 상황에서 교사는 학생들에게 어떤 방향을 제시할 것인가?

사실 가사 노동 분담 문제를 가정 내에서 해결하기는 쉽지 않다. 이 문제의 해결을 위해서는 노동시장의 성평등, 육아 지원 시스템 구축, 야근 문화 개선 등 문화적·제도적 노력이 뒷받침되어야 하기 때문이다.

하지만 이런 구조적인 문제를 다루기 전에 관습적인 성 역할을 깨닫는 게 먼저라 생각했다. 지금은 엄마는 엄마대로, 아빠는 아빠대로 힘든 사회다. 엄마는 집안일을 하고, 아빠는 직장에서 일하다 밤늦게 돌아오는 모습이 익숙하다. 하지만 당연하게 받아들인 것들이 사실은 당연하지 않았다. 그저 지금까지 서로가 얼마나 힘든지 모른 채 반복되어 왔을 뿐이다. 성평등 사회에서는 자신이 감당할 수 있는 짐만 들면 된다. 우리 아이들이 꾸려 나갈 가족 공동체는 성 역할에서 벗어난 자유롭고 평등한 모습이길 바란다.

▶ 관련 단원은 아래와 같다.

　1. 사회 4학년 2학기: 2-(1). 현대사회의 다양한 가족들(가족 구성원의 바람직한 역할을 알아보기)

　2. 국어 4학년 2학기: 9. 시와 이야기에 담긴 세상(글을 읽고 다른 사람과 생각이나 느낌을 적극적으로 주고받기)

▶ 후속 수업으로, 사회 4학년 2학기: 2-(3). 우리나라 인구의 변화(인구 문제를 해결하기 위한 노력)와 연계해 '가사·육아를 도와줄 수 있는 사회적 제도 마련'을 다룰 수 있다. 이렇게 진행하면 저출생 문제에 대한 인식에서 나아가 그 원인까지 유추해 볼 수 있다.

이 수업에서 아이들은 엄마와 아빠가 가사·육아를 같이 할 수 있는 환경에 필요한 법과 제도를 생각해 본 후, 북유럽의 사례를 참고해 직접 제도를 만들었다.

〈아이들이 제시한 출산·육아 지원 제도〉

1. 임신을 했을 때 필요한 물건을 담은 '마더 박스'를 준다.

2. 유치원을 무료로 지원한다.

3. 아빠들도 육아휴직을 할 수 있게 해 준다.

04년생 김지영이
꿈꾸는 미래

김수진

6

학년

'백말띠 여자애'의 삶

90년생 김수진. 우리 나이로 스물아홉이다. 엄마와 아빠, 남동생까지 평범한 가정의 첫째 딸로 평범한, 아니 평탄한 삶을 살아왔다. 남들이 인정할 만한 크나큰 시련이나 어려움은 딱히 없었다.

초등학교 때 같은 반에는 항상 여자애들보다 남자애들이 많았다. "백말띠 여자애들은 역시 기가 세." 따위의 말은 고등학교 때까지도 들었던 것 같다. 1990년생 성비 116.5명.[6] 여자아이 100명이 태어날 때 남자아이 116.5명이 태어났다는 것은 나중에야 안 일이었다.

할아버지 제사를 드릴 때면 나를 건너뛰고 두 살 아래의 사촌 남동생이 제사상에 술을 올리는 것이 이상했다. 하지만 굳이 내가 할 이유도 없었기에 왜 나 대신 태훈이가 하냐고 묻지는 않았다. 나는 엄마와 함께 맨 뒷줄에서 절을 올렸다.

명절 때는 친가에 먼저 가는 것이 당연했다. 가서는 고모들이 올 때까지 기다리는 것도 당연했다. 그러느라 외할머니 댁에는 밤늦게야 도착했다. 그때마다 엄마의 표정이 좋지 않았지만 그저 피곤한 줄로만 알았다.

중학교 때 남학생들 사이에 '브래지어 끈 당기기'가 유행처럼 번졌다. 대상은 같은 반 여학생이었다. 남학생들은 여학생 속옷 끈을 만지고 낄낄댔다. 누구는 절벽이니, 누구는 슴가가 젖소니 하는 말도 아무렇지 않게 해 댔다. "어우, 저질. 쟤네는 초딩도 아니고 왜 저래." 내가 할 수 있는 말은 이 정도가 전부였다.

언젠가는 버스에서 아저씨가 옆에 타더니 실수인 척 내 허벅지를 쓰다듬었다. 그 이후로는 버스 좌석 창가 쪽에 앉지 못하고, 혹시나 무슨 일이 생기면 빨리 벗어날 수 있게 통로 쪽에만 앉았다.

공부는 곧잘 했다. 밤마다 라디오를 들으며 공부를 하다 보니, 라디오 PD가 되고 싶었다. 그러나 고2 때 아빠는 나에게 조언했다. "좋은 대학 나와 봤자 여자가 취업하기 힘들어. 여자한테 교사만큼 좋은 직업이 어디 있니." 나는 조언을 들어야만 했고, 그렇게 교대에 입학했다. 내 꿈과 상관없이 '여자한테 좋은 직업'을 갖기 위해.

대학교 1학년 MT 때는 선배들이 준비해 온 게임을 했다. 여학생 얼굴에 쿠킹 포일을 대고 남학생 입으로 쿠킹 포일을 비벼 얼굴의 굴곡대로 조각하는 게임이었다. 게다가 누워 있는 여학생 위에 남학생이 엎드려뻗친 채로 올라가는 자세였다. 내가 직접 하지는 않았지만 보는 내내 이상하고 아무도 즐겁지 않은 게임을 왜 하나 생각했다. 그러나 불편하다고 말하지 못하고 지켜만 봐야 했다. 한 여학생이 울고 나서야 게임은 끝났다.

예쁘다는 칭찬이 듣기 좋았다. 매일 시간을 들여 가꾸고 화장을 하며 스스로를 단속했다. 목주름, 속눈썹, 모공, 손톱 큐티클까지. 눈에 잘 보이지 않는 부분까지 관리했다. 수정 화장을 위해 파우치 한가득 화장품도 들고 다녔다. 아침마다 일찍 일어나 30분을 들여 화장하고, 밤마다 화장을 지우고 팩 하느라 30분씩 더 늦게 자는 게 너무나 귀찮았지만 '내가 좋아서 하는 것'이라 믿었다.

'치마가 짧다'며 남자친구는 내 옷차림을 걱정하곤 했다. 나는 그 치마가 예쁘고 좋았지만 걱정을 끼치고 싶지 않아 짧은 치마 대신 긴 치마를 입었다. 그게 서로 사랑하는 방법이라 생각했다.

단지 여자이기 때문에 해당되었던 일련의 경험들이 쌓이고 쌓여 지금의 내가 되었다. 나는 다른 사람일 수도 있었다. 교사 대신 다른 직업을 가질 수도 있었다. 성희롱을 걱정하지 않고 내가 입고 싶은 옷을 마음껏 입을 수도 있었다. 아침마다 화장을 하느라 30분씩 일찍 일어나지 않을 수도 있었다.

90년생 김수진은 이런 '소설 같은 일'을 겪으며 자랐다. 하지만 한 번도 불편하다고, 이거 잘못되었다고 말하지 못한 채 지내 왔다. 그저 나 혼자 불편한 단편적인 사건들로 여기고 이래저래 모른 척 넘겼다. 그러다 '나도' 겪은 일이라는 것을 최근에야 깨달았다. 04년생 우리 아이들에게는 더 이상 차별의 경험을 물려주고 싶지 않았다.

말년 병장 6학년과 함께하는 독서 수업
—《82년생 김지영》

《82년생 김지영》.[7] 우연히 이 소설을 접한 날, 앉은 자리에서 한 번도 쉬지 않고 단숨에 다 읽었다. 두 시간도 채 걸리지 않았다. 읽고 나서는 이 소설을 우리 반 학생들과 꼭 나누고 싶다는 생각이 들었다. 12월의 6학년은 흔히 말년 병장에 비유된다. 뭘 하자고 해도 시큰둥, 반응도 없고 흥미도 없기 때문이다. 이 학생들과의 독서 수업은 나에게 도전과도 같았다.

12월 '온 책 읽기' 도서로 《82년생 김지영》을 선정했다. 온 책 읽기 활동을 달마다 진행했지만, 아이들은 마지막 달까지 할 줄은 몰랐다며 투덜댔다. 책은 사야 하냐, 안 사면 안 되냐, 너무 두껍다며 불만을 표하기도 했다. 그래도 몇몇은 처음으로 어린이용, 청소년용 책이 아닌 일반 소설을 읽는다는 것에 흥미를 보였다. 책을 보여 주며 청소년용 책이 아니라 어려울 수도 있다고 미리 언급했다. 어려운 부분 있으면 그냥 넘겨 가며 읽으라, 너무 길면 읽고 싶은 부분만 읽으라고도 했다. 책은 세 권 정도 따로 더 사서 구매하지 못한 학생들이 돌려 읽게 했다. 두 주 정도 시간을 주고 숙제를 내 주었다. 이 숙제는 여느 숙제와는 조금 달랐다. 학생 숙제 외에 보호자 숙제가 따로 있었기 때문이다. 책을 학생과 보호자가 같이 읽고, 학생들에게는 가장 기억에 남는 문장을, 보호자들에게는 내 자녀에게 들려주고 싶은 나의 경험을 적어 주십사 부탁했다. 수업에는 보호자의 이야기가 꼭 필요했다. 보호자의 생생한 경험은 소설과 현실을 잇는 다리 역할을 해 줄 것이다.

수업을 시작하며 아이들이 뽑은 소설 속 인상적인 문장을 돌아가며 발표하게 했다. 여학생들은 육아를 둘러싼 김지영의 고민과 갈등이 드러난 부분을 많이 꼽았다.

"죽을 만큼 아프면서 아이를 낳았고, 내 생활도, 일도, 꿈도, 내 인생, 나 자신을 전부 포기하고 아이를 키웠어. 그랬더니 벌레가 됐어. 난 이제 어떻게 해야 돼?"(165쪽)

"내가 결혼을 할지 안 할지, 애를 낳을지 안 낳을지도 모르는데. 아니, 그 전에 죽을지도 모르는데. 왜 일어날지 안 일어날지 모르는 미래의 일에 대비하느라 지금 하고 싶은 걸 못하고 살아야 해?"(72쪽)

"잃는 것만 생각하지 말라며. 나는 지금의 젊음도, 건강도, 직장, 동료, 친구 같은 사회적 네트워크도, 계획도, 미래도 다 잃을지 몰라. 그래서 자꾸 잃는 걸 생각하게 돼. 근데 오빠는 뭘 잃게 돼?"(136쪽)

남학생들 사이에서는 다음 세 문장이 여러 번 겹쳐 나왔다.

"사람들이 나보고 맘충이래."(164쪽)

"여직원은 여러 가지로 곤란한 법이다."(175쪽)

이외에도 "막내라서가 아니라 아들이라서겠지!"(60쪽) "나는, 씹다 버린 껌이구나."(93쪽) "여자애들이 부끄러운 줄도 모르고. 학교 망신이다, 망신."(58쪽) 등이 뽑혔다. 돌아가며 발표를 다 하고 나니 책 전체가 언급될 정도로 학생마다 인상 깊은 부분이 겹치지 않고 참 다양했다. 책을 읽으며 자신의 혹은 엄마나 누나의 경험을 떠올리며 문장을 하나하나 적었을 생각을 하니 괜히 가슴이 뭉클했다.

이번에는 보호자들의 숙제를 검사할 차례. 감사하게도 10분의 보호자가 숙제를 해 주셨다. 아이들은 '우리 엄마'의 경험을 대신 발표했다. 현규가 먼저 입을 열었다.

"저희 어머니는 명절에 여자들만 일을 하고, 남자는 먹고 TV만 본다고 써 주셨어요."

현규에게 이 숙제를 하며 어머니와 어떤 이야기를 나누었느냐고 물었더니, 다음 명절부터는 남자 여자 상관없이 다 같이 도와서 일을 하기로 약속했다고 대답했다. 명절날 많은 가정에서 겪는 갈등을 이야기해 주신 것만으로도, 벌써 긍정적인 효과가 나타났다. 가정에서의 변화를 함께 이끌어 내는 것. 내가 바라는 보호자 숙제의 목적이기도 했다.

"저희 엄마는 고3 때 공대 원서를 썼는데 할머니가 '여자가 무슨 공대야. 더 좋은 대학의 문과를 지원해!'라고 하셨대요. 엄마가 죽어도 문과 들어가기 싫다고 부모님이랑 엄청 싸우다가 결국 재료공학과에 가셨어요. 물론 지금은 외할머니께서도 잘 선택했다고 하세요."

소빈이가 엄마의 대학 진학에 대한 이야기를 하자, 민지도 이야기를 보탰다.

"저희 엄마도 대학에 합격하니까 주변 친척들이 여자가 무슨 4년제 대학이냐고 하셨대요."

보호자들의 대학 진학 시기인 90년대에는 남녀 대학 진학률이 그리 차이 나지 않는다.[8] 그럼에도 '여자가 무슨 공부냐'는 성차별을 경험한 분들이 많았다.

"회사에서 술은 여자가 따라야 제맛이라는 말을 들었다'… 우리 엄마가 진짜 이런 소리를 들었다고 생각하니 너무 끔찍해요."

70년대생인 보호자들은 82년생인 김지영보다 더 힘든 일을 겪으며 살아왔다는 게 여실히 드러났다. 한 분은 병원에서 있었던 일을 길고 자세히 적어 주셨다.

제 직업은 대형 병원 간호사였습니다. 그 시절에는 결혼을 하면 일을 그만두거나, 파트타임으로 옮기는 것이 당연했습니다. 또 임신을 하면 외래(진료실) 근무에서 병실 교대 근무로 옮겨야 했습니다. 여성 인권의 불모지였지요.

현재는 직장을 그만두고 육아에 전념하고 있는 분이었다. 엄마의 글을 읽은 남학생은 엄마가 병원에서 일했던 건 알았지만, 이런 경험이 있는 줄은 전혀 몰랐다며 표정이 어두워졌다. 소설 속 이야기가 현실로 다가오는 순간이었다.

여자가 아니라 사람으로 살 수 있는 세상을 위해

《82년생 김지영》안에는 학생들이 보기에도 불합리하고 차별적인 장면들이 많았다. 학생들이 같이 생각해 보고 이해할 수 있는 장면을 뽑아 바꿔 보기로 했다. 학교, 가정, 회사 등에서 다양한 장면을 선정했다.

1. 성별에 따라 정해진 급식 순서(45쪽)
2. 남녀 학생의 복장 규정이 다르며, 선도부 교사가 남학생만 면

티셔츠를 입을 수 있도록 허용하는 것에 항의하는 장면(54쪽)

3. 아들에게만 라면을 많이 덜어 주는 엄마에게 "막내라서가 아니라 아들이라서겠지!"라며 화를 내는 장면(60쪽)

4. "나 원래 첫 손님으로 여자 안 태우는데."라고 말하는 택시 기사를 만나게 된 장면(100쪽)

5. '업무 중 성희롱을 당한다면'이라는 회사 면접 질문에 답하는 장면(101쪽)

6. 육아 갈등(136쪽)

모둠별로 한 장면씩 선택하고 책 속의 불합리한 상황을 '나라면 어떻게 할 것인지' 고민해서 바꾼 다음, 바꾼 장면을 역할극으로 표현하는 시간을 가졌다.

학생 복장 규정 장면을 맡은 모둠의 한 여학생은 "여자와 남자가 뭐 그렇게 달라요? 안에 입는 옷까지 달라야 하는 이유가 뭐예요? 이러다간 아주 팬티까지 단속하시겠어요. 선생님, 그거 남녀 차별이에요!"라며 선도부 선생님의 말을 반박하는 연기를 했고, 다른 모둠의 박수가 쏟아졌다. 할 말을 삼키고 주저하던 김지영의 속마음은 아이들의 입을 통해 대신 전해졌다.

성희롱을 당한다면 어떻게 대처하겠냐는, 황당하기까지 한 회사 면접 장면을 맡은 모둠에서는 질문을 듣자마자 "저는 이런 질문을 하는 회사에 다니고 싶지 않습니다!"라며 의자를 박차고 나갔다. 통쾌하게 연기하는 아이들의 모습에 미소가 지어지면서도 한편으로는 저 아이들이 성인이 되어서도 차별적 요소를 지적하고 불합리한 것은 불합리하다 이야기할 수 있을까 싶어 씁쓸해졌다.

04년생 학생들은 82년생 김지영이 되지 않기 위해, 스스로가 살아갈 세상을 위해 무엇을 해야 할까. 숙제에 적어 온 아이들의 의견을 개인과 사회로 나누어 정리했다.

개인

- 사람들의 편견이 없어져야 한다.
- 자신감을 가지고 생각을 바꾼다.
- 맘충, 김치녀라는 말에 굴복하지 않는 사람이 된다.
- 아닌 건 아니다 말해야 한다. 눈치 보지 말고 잘못된 건 잘못되었다고 말해야 한다. 단지 여자이기 때문에 받는 대우를 당연하다고 수긍하지 않는다.
- 나부터 바뀌어야 한다. '여자라서 안 돼'라는 생각을 갖지 말자.
- 남녀가 협력해서 서로를 돕는다. 가정에서도 역할 분담을 해야 한다.

사회

- 남녀 상관없이 능력을 인정받는 사회를 만든다.

- 차별이 없어지도록 여성가족부와 정부에서 노력한다.

- 차별을 하지 못하게 하는 법을 더 강화한다.

- 성희롱에 대한 법을 강화한다.

- 육아휴직 기간을 늘려 주고 제도를 개선한다.

보호자들이 적어 주신 '04년생 내 자녀가 살아갈 세상'에 대한 소망도 함께 나누었다.

- 여자가 할 일과 남자가 할 일을 나누지 않았으면 좋겠다.

- 능력대로 인정받았으면 좋겠다.

- 성별, 외모, 인종으로부터 자유로운 인간이길.

- '여자'가 아니라 '사람'으로 우리 아이를 바라보는 세상이 되었으면 합니다.

- 남녀가 아닌, 합리적이고 동등한 인간으로 살아갈 수 있는 세상.

- 집안일도 회사 못지않은 중요한 일임을 누구든지 인식하는 세상. 육아와 사회생활을 같이 해도 힘들지 않는 세상.

차별은 존재한다. 가리고 외면하거나 문제인지도 모른 채 당했던 성차별은 분명히 존재한다. 아이들과 어른들 모두 변화가 필요하다고 느끼고 있다. 그 변화의 시작이 개인의 생각이든, 제도든 간에 우리는 바뀌어야 한다. 04년생 김지영, 우리 아이들을 위해.

비록 지금은
보이지 않을지라도

소설 속 김지영이 현실 어딘가에 살아 있을 것만 같다. 그만큼 소설과 현실이 참 닮아 있다. 어찌 보면 《82년생 김지영》이 베스트셀러가 된 것도 씁쓸한 일이다. 그만큼 많은 여성들이 김지영이 겪은 차별에 공감했다는 뜻이기 때문이다.

학생들은 소설을 읽으며 슬퍼하고 분노했다. 한편으로는 이해가 안 된다는 표정으로 고개를 내저었다. 진짜 이런 일이 일어난다고? 왠지 엄마에게 미안하다고도 했다.

수업 당시 6학년이던 학생들은 이제 중학교 2학년이 되었다. 최근 한 아이돌이 《82년생 김지영》을 읽어 '논란'이 되었다는 기사를 보고, 그때의 학생들이 생각났다. 학생들은 이 논란에 대해 어떻게 생각하고 있을까. 책을 읽은 것조차 잊어버리진 않았을까. 2년 전의 수업이 어떻게 남아 있는지 묻고 싶어 학생들에게 문자를 보냈다. 소빈이와 채영이에게 답장이 왔다.

- 《82년생 김지영》을 읽고 나서 사소한 행동, 대수롭지 않은 말 등 원래는 아무렇지 않았던 상황들이 '성차별'이었고, 제 삶에 많이 침투해 있다는 것을 느꼈어요. 제 꿈이 생명공학자, 로봇공학자라고 하면 사람들은 "의외네." "여자가 왜 하필?" 이런 말들을 많이 해요. 저희 엄마도 재료공학과(전자공학)를 나오셨는데 주변에서 많이 말렸다고 해요. 여자는 힘든 과라면서 말이에요. 이렇게 진로와 관련한 성차별을 엄마도 겪었고, 저도 겪고 있는 것이 신기하고 씁쓸했어요. 제가 희망하는 고등학교나 학과 모두 남자가 80%를 차지하고 있어요. '그냥 성향 차이겠지…'라고 생각할 수도 있지만 어떤 방향으로 진로를 정할지, 어떤 직업을 선택할지 고민하는 과정 속에 아마 성차별이 존재하는 것 같아요. 그래서 책을 읽은 후에는 세상을 바꾸고 싶은 욕구가 생겼어요. 하지만 생각해 보면 저 혼자서, 어떻게 바꿀 수 있을지 막막해요. 아직은 제가 어떻게 해야 할지 모르겠지만, 제가 아니라도 남자와 여자, 그리고 사회 모두가 성차별을 인지하고 바꿔 나가는 시대가 오면 좋겠어요. (정소빈)

• 처음 《82년생 김지영》을 읽었던 6학년 때는 그냥 '남녀 차별이 많이 심하구나, 김지영이 너무 불쌍하다. 나에게도 이런 일이 있었나?'라고만 생각했어요. 하지만 요즘 '미투 운동'과 같이 엮어서 다시 생각을 해 보니 김지영이 겪은 일은 오히려 보편적이고 평범한 일이라고 생각될 만큼 더 심한 일들이 많은 것 같아요. 가정 시간에 우리나라의 남녀평등이 자리를 잡아 이젠 여성들도 직장을 많이 다닌다고 배웠어요. 근데 그건 너무 당연한 일 아닌가요? 겨우 그 정도를 변화했다고, 남녀평등이 이루어진 거라고 배우는 게 조금 의아했어요. 물론 예전보다는 나아졌다지만 아직 완벽하지는 않은 것 같아요. 성평등은 여자의 지위만 올라가고 남자는 그대로 머무르는 것이 아닌, 서로 존중하고 자신의 권리를 되찾는 것이라 생각해요. 여성이라고 무시당하지 않고 존중받는 그런 사회가 되었으면 좋겠어요.

(신채영)

이 소설은 조남주 작가가 자신의 딸에게 바치는 소설이기도 하다. "딸이 살아갈 세상은 자신이 살아온 세상보다 더 나은 곳이 되어야 하기에"[9] 나는 이 책이, 그리고 이 수업이 더 나은 세상으로 다가가는 한 걸음이 되리라 믿는다.

▶ 수업이 계속 순조롭지만은 않았다. 당시 원준이는 《82년생 김지영》을 읽고 여자만 차별받는 게 아니라며, 남자가 더 차별받는다며 분노했다. 데이트 비용도 남자가 더 내고, 군대도 남자만 간다는 것이 그 이유였다. 나는 원준이에게 단편적으로만 보면 남성이 받는 차별, 여성이 받는 차별이 다 존재하는 것이 맞다, 그러나 사회구조적으로 여성이 임금, 노동, 육아, 범죄, 성적 대상화 등 많은 분야에서 차별받는 경우가 많기 때문에 이런 책이 나온 것이라고 설명했다. 그리고 지금은 이해하지 못하더라도, '아, 이런 경우가 실제로 존재하는구나' 하고 생각해 달라고 말했다.

그런데 중학교 2학년이 된 원준이가 먼저 연락을 해 왔다. 미투 운동을 계기로 요즘 《82년생 김지영》을 다시 읽고 있다면서. 그때는 보이지 않던 문제들이 다시 보인다고 했다.

한 시간 수업만으로 아이들의 변화가 눈에 띄지 않을 수도 있다. 그러나 좌절치 마시라. 그 수업이 2년 후의, 10년 후의 아이들에게 어떤 영향을 미칠지 모른다.

《82년생 김지영》독후 활동지

이름: (   )

학생 숙제	보호자 숙제
1. 내 기억에 남는 문장 'TOP 3'를 뽑아 봅시다.	1. 김지영 씨가 겪은 것과 비슷한 경험이 있나요? 그중 내 자녀에게 들려주고 싶은 일은 무엇인가요?
2. 김지영 씨 담당 의사의 마지막 말입니다. 어떤 생각이 드나요? "아무리 괜찮은 사람이라도 육아 문제가 해결되지 않은 여직원은 여러 가지로 곤란한 법이다. 후임은 미혼으로 알아봐야겠다."(175쪽)	2. 책을 읽고 난 후 소감을 자유롭게 적어 주세요.
3. 82년생 김지영 씨의 경험들을 04년생 우리가 겪지 않기 위해선 어떻게 해야 할까요?	3. 내 자녀가 살아갈 세상은 어떤 세상이 되길 바랍니까?

디지털 성범죄
예방 프로젝트

이선희

6
학년

불편한 실화

모든 것은 공중화장실에서 시작되었다. 2016년 강남역 살인 사건 이후로 나는 공중화장실을 더 이상 혼자서 갈 수 없다. 특히 인적이 드물고 외지거나 어두운 화장실은 반드시 누군가와 함께 가야 한다. 어쩔 수 없이 혼자 가야 하는 상황일 땐 옆 칸에 누가 숨어 있진 않을지, 바깥에 누군가 기다리고 있진 않을지, 두려움에 떨며 작은 소리에도 촉각을 곤두세운다.

공중화장실 칸 안으로 들어간다 하더라도 결코 안전하지 않다. 우리 지역 공중화장실, 특히 번화가의 개별 화장실 문에는 수많은 구멍들이 뚫려 있다. 시공업자의 실수로 가볍게 넘어가기에는 그 개수가 너무나 많았고, 내 상식으로는 그 구멍의 의미를 상상조차 할 수 없었다. 우연히 뉴스에서 알게 된 구멍의 정체는 바로 '몰카용(불법촬영용)'이었다.

나는 여성이라는 이유만으로 이렇게 매번 화장실에서 무사히 돌아올 때까지 신체적·정신적으로 위협을 느낀다. 이 공포와 두려움은 겪어 본 사람만이 안다. 이런 세태에 신물이 난 친구들끼리는 차라리 스카프나 모자 등으로 얼굴을 가리는 것이 더 빠르겠다고 자조적으로 말하곤 한다. 누군가는 과대망상이라며 코웃음 칠지도 모르지만 적어도 많은 여성들에게 이 일은 불편한 실화이며 현재진행형이다.

여성의 공포와 두려움은 여기서 그치지 않는다. 보이고 싶지 않은 여성의 신체는 강제로 인터넷에 영상이나 사진으로 유포되어 누군가의 성적 만족을 위해 존재하는 포르노처럼 소비된다. 또한 온라인을 통해 유포가 되면 빠른 속도로 전파되며 원본을 삭제하더라도 완전 삭제가 어렵다. 불법촬영은 피해자를 평생 고통에 가두는 인격 살인일 뿐 아니라 피해자들을 자살에 이르게 할 정도로 중대한 범죄다.

문제의 심각성을 반영하듯 청소년 불법촬영 범죄는 해마다 늘고 있다. 실제로 강남의 한 중학교에서는 3학년 남학생들이 같은 학교 여학생들의 치마 속을 몰래 찍고 다른 남학생 다섯 명이 SNS 등으로 사진을 유포한 사건이 있었다.[10] 2018년 7월에는 한 초등학생이 지하철에서 불법촬영을 하기도 했다.[11] 2017년 성폭력범죄의 처벌 등에 관한 특례법을 위반한 혐의로 입건된 18세 미만 피의자는 817명으로, 전년 대비 35.9% 증가했다.[12] 불법촬영이나 불법촬영물 유포 행위가 매우 쉽게 이루어지고 있고 실질적인 처벌 수위가 경미하다 보니, 범람하는 불법촬영물에 자주 노출된 아이들이 '불법촬영과 유포는 범죄'라는 인식에 둔감해지고 있는 것이다. 교육 현장에서 디지털 성범죄 예방 교육이 필요한 이유다.

아이들이 몰라서 또는 호기심에 범죄를 저지르거나 불법촬영을 놀이라고 생각하지 않도록, 나아가 불법촬영 피해자를 성적 도구로 대상화하지 않고 이들 역시 우리처럼 존중받아야 할 인권을 가진 인간임을 깨닫기를 바라며 준비한 수업을 소개한다.

여자 화장실에는 있고
남자 화장실에는 없는 것

"이것은 무엇일까요?"

한 장의 사진을 보여 주며 사진 속 물체가 무엇인지 맞추는 것으로 수업을 시작했다. 1단계는 나무판자에 무수히 뚫린 구멍을 최대한 확대한 사진을 보고 무엇인지 맞춰 보기. 아이들은 창의력 게임이라도 하는 듯이 '광우병에 걸린 소의 뇌'다, '코에 있는 모공' 같다며 재치 있게 답했다. 그렇지만 아무도 답을 맞히진 못했다.

2단계로 사진을 조금 넓혀 화장실 문고리까지 보여 주었더니 윤아가 단번에 손을 들고 대답했다. "화장실 몰래카메라 구멍이에요."

카메라 설치를 위해 뚫은 것으로 보이는 구멍들. 화장실 사용자들이 의심스러웠는지 휴지로 막아 두었다.

순간 적막이 흘렀다. 공중화장실에서 봤다는 윤아의 말에, 다른 여학생들도 "나도 봤어." "나도 나도." 하며 웅성거리기 시작했다. 남학생들은 도무지 믿을 수 없다는 눈치였다. 그럴 만했다. 같은 건물 같은 층의 남자 화장실과 여자 화장실을 비교한 결과, 여자 화장실 문짝에만 구멍이 100여 개고 남자 화장실 문은 깨끗했다는 조사도 있다.[13] 그러니 남학생들에겐 생전 처음 듣는 이야기일 수밖에. 듣는 것과 당하는 것. 피부로 느끼는 경험의 차이는 디지털 성범죄를 판단할 때의 관점과 공감의 차이를 분명히 가져올 수밖에 없었다.

아이들을 진정시키며 물었다. "과연 이 구멍들이 실수나 우연으로 생긴 것일까요?" 즐겁게 수업을 시작했던 아이들의 얼굴에선 금세 웃음기가 가셨다. 이어 휴가철 영상을 보여 주며 불법촬영 카메라를 찾아보자고 했다. 안경 카메라 등 카메라 티가 나는 것들을 한두 개 찾아내는 데 그친 아이들은 소형화되고 다양해진 불법촬영 카메라들을 보며 "진짜 나도 모르는 사이에 찍힐 수밖에 없겠네." "설마 몰카에 대해 배우는 건 아니겠죠?" 하며 아우성이었다.

난 의미심장하게 선전포고했다. "몰카라는 말은 잘못된 용어예요. 이렇게 잘 모르기도 하고, 또 누군가가 양심을 저버리고 불법촬영을 하고 있어서 수많은 피해자가 발생하고 있어요. 오늘 수업을 통해 디지털 성범죄의 심각성을 알게 된다면 현실을 바라보는 시각이 달라질 거라 확신해요. 그리고 많이 불편해질 거예요. 우리가 아무것도 하지 않고 이런 범죄를 방치한다면 언제든 우리도 그 피해자 중 한 명이 될 수 있기 때문이에요. 그럼 지금부터 디지털 성범죄에 대해 정확히 알고, 막을 수 있는 방법을 찾아 실천해 볼까요?"

최근에는 누구나 스마트폰을 가지고 있고, 다양한 생활용품으로 위장한 불법촬영 카메라가 많아졌다. 이를 악용하는 디지털 성범죄도 곳곳에서 빠르게 늘어나고 있을 뿐만 아니라 여러 유형으로 기승을 부린다. 가장 먼저 디지털 성범죄가 '정확히 무엇인지' 인지해야 아이들이 '몰라서' 범죄를 저지르는 경우까지 막을 수 있다고 판단했다. 그래서 디지털 성범죄의 속성상 일어나는 추가 피해를 다른 성범죄들과 비교하며 알아보고, 디지털 성범죄와 관련해 궁금하거나 헷갈리는 점을 묻고 답할 수 있는 시간을 가졌다.

'성폭력범죄의 처벌 등에 관한 특례법 14조'에 따르면 디지털 성범죄란 '카메라나 그 밖에 이와 유사한 기능을 갖춘 기계장치를 이용해 성적 욕망 또는 수치심을 유발할 수 있는 다른 사람의 신체를 그 의사에 반해 촬영하거나 그 촬영물을 반포·판매·임대·제공 또는 공공연하게 전시·상영'하는 행위다. 용어가 조금 어려운 관계로 아이들에게는 조금 쉽게 풀어서 설명해 주었다. 그리고 디지털 성범죄의 뜻을 다시 읽으며 다른 성범죄와 다르게 어떤 피해가 발생할지 예상하게 했다. 그랬더니 아이들은 바로 "빠른 시간 안에 널리 퍼질 수 있어요." "많은 사람이 삭제한다고 해도 한 명이라도 영상을 가지고 있으면 언제든지 다시 복사되어 퍼질 수 있어요."라며 디지털 성범죄의 속성을 이끌어 냈다.

기본적인 정의나 속성에 대해 안다 하더라도 이해나 적용은 별개의 문제다. 일상생활 속에서 헷갈리거나 궁금할 만한 다양한 사례를 간단한 질문으로 만들어 OX 퀴즈를 시작했다. '몰카'라는 용어가 정식 명칭인지, 찍지 않고 불법공유사이트에서 다운받아 보관만 하는 건 괜찮은지, 어떤 신체 부위라도 동의 없이 찍으면 불법촬영이 되는지, 촬영한 사람 말고 제삼자가 공개해도 처벌을 받는지 등 다양한 질의응답이 오갔다. 몇몇 학생들은 '포르노 전문 배우가 나오는 포르노 영상을 보는 것도 불법인가요?' 등 궁금한 점들을 스스럼없이 던지기도 했지만, 헷갈려 하는 아이들이 절반 이상이었다. 중고등학교에 걸쳐 반복적으로 교육해야 할 필요성을 느꼈다.

타인의 고통
상상하기

역지사지易地思之. 내가 아닌 타인의 관점으로 바라보고, 그 사람의 처지가 되어 이해하는 과정은 문제를 이해하는 데 중요하다. 드라마, 뉴스, 교양 프로그램 등 미디어에 등장하는 디지털 성범죄 피해 사례를 보며, '내가 피해자라면' 어떤 생각과 느낌이 들지 피해자의 상황에 감정을 이입해 보고 함께 이야기하기로 했다. 마음 한 켠에 모방 범죄의 위험성이 자꾸 걸려서, 불법촬영은 매우 큰 범죄라고 신신당부했다.

첫 번째로는 2017 하반기에 방영한 드라마 '마녀의 법정'에 나오는 불법촬영 사례를 제시했다. 검사인 여주인공이 불법촬영 범죄자를 구속하려고 하자 범죄자가 검사의 집에 몰래 침입해 촬영한 영상물로 주인공을 협박하는 장면이었다. 이 장면은 여성이 검사라는 지위와 권력을 가지고 있음에도 불구하고 언제든지 불법촬영의 피해자가 될 수 있음을 보여주는 대표적인 사례였다. 연기였지만 아이들은 가해자의 서늘한 눈빛이나 언행에 두려움을 느꼈다. 피해자가 집이라는 사적인 공간에서까지 무서움에 떨며 수치심을 느끼고 영상이 퍼질지 모른다는 불안감에 트라우마를 겪을 것 같다며 감정이입을 했다.

두 번째는 〈EBS〉 '까칠남녀 18회: 내 몸이 떠돌고 있다' 편에 나오는 불법촬영 사례 중 하나였다. 남편이 아내의 신체를 동의 없이 몰래 찍고 보관하는데 '부부인데 뭐가 어떠냐'며 죄책감을 느끼지 않는다는 고민 상담 내용이었다. 부부 사이에서도 아내는 남편에게 대등하고 독립적 인격체로 존중받지 못하고 있었다. 아이들은 '내가 남편의 소유물인 것 같은 느낌이 들어 이혼하고 싶을 것 같다' '어이가 없다' '짜증나고 불쾌하며 배신감이 들 것 같다' '아무리 부부 사이라도 존중한다면 동의를 구해야 한다'며 화를 냈다.

마지막은 〈MBC〉에서 보도한 보복성 음란물(리벤지 포르노) 관련 뉴스로, 헤어진 남자 친구가 여자 친구와의 성관계 동영상을 유포하겠다고 협박하는 장면이었다. 실제 디지털 성범죄 피해자들의 인터뷰 영상도 함께 시청했다. 이들은 눈물을 흘리며 '불법촬영 영상물을 제발 보지 말아 달라'고 간절하게 호소하고 있었다. 여학생, 남학생 할 것 없이 절로 숙연해지며 그들의 말에 귀 기울였고, 어떤 학생들은 눈시울이 붉어지기도 했다. 그때 적막을 깨고 우진이가 입을 뗐다. "아까부터 계속 영상을 보면서 생각했는데 피해자가 모두 여자네요?"

우연의 일치였을까? 우진이의 말을 듣고 보니 정말 그랬다. 수업 준비를 하면서 의도하지 않았으나 절대 우연도 아니었다. 오랫동안 '몰카'라는 이름으로 수많은 디지털 성범죄가 있었고, 수많은 '여성'이 피해자가 되어 끔찍한 고통을 받아 왔다. 실제로 6년간 불법촬영 가해자의 97.5%는 남성, 피해자의 80% 이상이 여성이었다.[14] 그러나 여론은 2018년 홍대 누드 크로키 수업 사건이 터지면서 남성들도 피해자가 될 수 있다는 사실에 들끓었다. 이 사건은 연일 주요 언론에 대서특필되었으며 사진을 유포한 여성은 디지털 성범죄자 중 최초로 포

#나는 보지 않겠습니다
#나는 감시하겠습니다

많은 여성들의 일상이 포르노가 되고 인간 존엄성이 짓밟히는 동안, 우리 사회는 디지털 성범죄 피해자들의 인권을 보장하고 범죄를 막기 위해 어떤 노력을 해 왔을까?

먼저 국가가 하는 일부터 소개했다. 2017년 12월에 개정된 성폭력범죄의 처벌 등에 관한 특례법에 따르면 영리 목적으로 촬영대상자의 동의 없이 촬영물을 찍거나 유포하는 경우 7년 이하의 징역이나 3천만 원 이하의 벌금으로 처벌하고 있다. 기존의 솜방망이 처벌과 실효성 없는 대책으로 피해자에게 추가 피해를 입히는 데 대한 문제 제기와 우려의 목소리가 높았기 때문이다. 설명을 듣던 세빈이가 손을 들었다.

"불법촬영 영상을 보는 건 처벌할 수 없는 거예요?"

"개인의 양심이나 도덕성에 맡길 뿐 보는 행위만으로는 현행법상 처벌 대상은 아닙니다."

"사람들이 보지 않아야 만들지도 않죠. 보는 사람이 많다면 돈에 눈이 멀고 죄책감이 없는 사람들은 계속 영상을 만들 거 잖아요? 보는 사람도 분명히 범죄를 저지르고 있는 가해자라 고요."

몇몇 학생들도 불만을 토로하며 디지털 성범죄를 근절하기 엔 여전히 법이 미비하다며 현재 법의 문제점을 지적했다.

"그래서 여러분이 지속적으로 관심을 보이고 목소리를 내 는 게 필요하다고 생각해요. 우리가 사회 시간에 배웠듯이 여 러분이 적극적으로 문제를 제기해야 국회에서 법을 만들고, 범죄자를 강력하게 처벌할 수 있는 거죠. 그럼 정부에서는 어 떤 노력을 하고 있는지 볼까요?"

나는 디지털 성범죄 피해자를 위한 청와대 국민 청원 사 례와 여성긴급전화 1366 등을 소개하며, 아이들 수준에서 쉽 게 이해할 수 있게 경기남부경찰청과 광운대 공공소통연구소 (LOUD)의 '빨간원 프로젝트' 캠페인을 예로 들었다. 스마트폰 카메라 렌즈 둘레에 빨간 원 모양 스티커를 부착하고, 인증 사 진과 '#나는보지않겠습니다' '#나는감시하겠습니다'라는 문 구를 함께 온라인에 게시하는 활동이다. 아이들은 스티커를 경찰청에 직접 요청해서 붙이거나 단순한 모양이니 우리가 스스로 만들어서 붙여도 되겠다며 들떴다. 자신들이 디지털 성범죄 해결이라는 의미 있는 일에 동참하는 것이 기뻤던 모양이다.

기업들도 함께하고 있다는 것을 보여 주기 위해 C회사의 지하철 거울 광고를 소개했다. 지하철을 기다리는 사람은 물론 주변 사람들의 모습까지 한눈에 볼 수 있어 불법촬영을 방지하는 대형 거울을 설치한다는 내용이었다. 아이들은 아이디어가 참 좋다며 우리도 우리가 할 수 있는 일을 해 보자고 먼저 제안했다.

국가나 단체의 역할도 중요하지만 결국 국가를 이루는 건 시민들이다. 개개인이 깨어 있고 목소리를 더할 때 사회가 느끼는 위력은 달라진다. 또한 아는 것과 행동하는 것은 전혀 다른 차원의 문제다. 아이들도 한 명의 시민으로서 스스로 실천할 수 있는 행동력을 길러야 한다. 그래서 마무리 활동으로는 일상에서 우리들이 노력할 수 있는 일에 대해 생각해 보고 그것을 바탕으로 공동실천서약서를 만들기로 했다. 아이들은 결연한 표정으로 오늘 배운 것을 떠올리며 진지하게 고민했다.

디지털 성범죄 예방을 위한 구체적인 행동이나 말을 담은 조항을 개인별로 작성하고, 학급 회의를 통해 각자가 만든 조항들을 합치고 엄선해 2절지에 크게 쓴 학급공동실천서약서는 제법 그럴듯했다.

1. 불법촬영을 하지 않고, 보지 않고, 올리지 않겠습니다.

2. 불법촬영을 한 영상들이 올라와 있는 사이트를 신고하겠습니다.

3. 불법촬영 근절 캠페인에 동참하겠습니다.

4. 불법촬영을 하는 사람을 보면 신고하겠습니다.

5. 디지털 성범죄의 개념을 정확히 이해하고 주위 사람들에게 알리겠습니다.

각각의 조항을 살펴보니 문제를 해결하는 주체의 입장에서 능동적으로 실천할 수 있는 내용들이 담겨 있었다. 여기에 있는 내용만 지켜도 디지털 성범죄는 충분히 막아 낼 수 있을 것 같아 마음이 든든해졌다. 서약서의 내용을 4층 복도 게시판에 게시해 두자 다른 반 학생들도 오며 가며 읽어 보고, 궁금한 점들은 우리 반 학생들에게 묻기도 했다. 자신이 배우고 이해한 내용을 친구들에게 알려주고 뿌듯해하는

서 약 서

✱ 우리는 개개인을 하나의 인격으로 존중하고, 디지털성범죄 방지를 위해 아래 사항을 준수하겠습니다.

1. 불법촬영을하지않고, 보지않고, 올리지 않겠습니다.

2. 불법촬영을 한 영상들이 올라와있는 사이트를 신고한다.

3. 캠페인에 동참하겠습니다.

4. 불법촬영을 하는 사람을 보면 신고하겠습니다.

5. 디지털 성범죄의 개념을 정확히 이해하고 주위사람들에게 알리겠습니다.

고양 ●●초등학교 6학년 함께자람

아이들의 모습을 보며, 한 시간 동안의 짧은 수업이 나비효과처럼 큰 변화를 가져오길 기대했다.

수업 전에는 디지털 성범죄라는 개념을 처음 들어 본 학생들이 대부분이었다. 그 심각성은 더 몰랐기에, 성범죄를 이렇게나 쉽게 저지르고 심지어 죄의식도 크게 느끼지 않는 가해자들의 태도에 충격을 받았다. 윤승이는 말끝을 흐리며 회의적인 반응을 보이기도 했다. "우리가 이걸 안다고 하더라도 현실에 불법촬영이 너무 흔하고, 영상물이 많이 퍼져 있는 상태여서 과연 지켜질 수 있을지 모르겠어요…."

윤승이의 의견도 일리가 있다고 생각했다. 불법촬영 문제는 해마다 늘고 있고 아이들이 은연중에 접하게 되는 음란물 중 적지 않은 수가 불법촬영 영상이기 때문이다. 나는 "윤승이 말대로 현실이 심각하다는 걸 인정해요. 하지만 저 영상 안에 있는 사람들 역시 우리처럼 인격을 가진 소중한 사람이에요. 우리가 다짐한 것처럼 많은 사람들이 디지털 성범죄의 심각성을 알려 나간다면, 서로가 방어막이 되어 주지 않을까?" 하고 대답했다. 때마침 윤아도 "너처럼 생각할 수 있지만 이제 어떻게 대처할지 배웠으니 우리가 할 수 있는 방법으로 먼저 실천해 보는 게 중요할 것 같아."라고 이야기해 주었고, 다른 학생들도 동의하는 듯 고개를 끄덕였다.

　속으로 안도의 한숨을 쉬었다. 윤승이의 말을 들었을 때 수업이 다시 원점인가 싶어 당황했다. 그리고 더 이상의 노력이 무의미하게 느껴질 만큼 교육이 너무 늦어 버린 건 아닌지 좌절감도 들었다. 또 '다른 학교 학생들도 윤승이와 비슷한 생각이면 어떡하지? 더하면 더했지 덜하진 않을 것 같다'는 생각이 들어 앞으로 이 수업을 어떤 흐름으로 바꿔야 할지 고민하기도 했다. 그래도 아이들이 디지털 성범죄에 대해 배우고 느낀 점을 정리한 활동지에서 긍정적인 생각을 많이 엿볼 수 있었다. 더 늦지 않아 다행이었다.

- 생각보다 불법촬영 처벌 수준이 낮아서 '역시 헬조선'이라고 생각했는데 12월에 특례법이 개정되었다고 해서 그나마 다행이에요. 또 불법촬영이 살인이나 다른 중범죄들 못지않게 무거운 죄라는 걸 깨달았어요.

- 솔직히 익숙하게 느껴졌어요. 이제 그다지 충격적이지가 않아요. 지금 현실에서 가해자와 피해자 중 누가 더 손해일까요? 처벌을 받는다 하더라도 피해자가 손해겠죠. 왜냐하면 피해자는 이미 너무 많은 정신적 고통에 시달렸으니까요. 그래서 아직도 법이 가해자의 편인 것처럼 느껴져요.

- 불법촬영이 이렇게 심각한 문제라는 것을 알았고, 불법촬영을 당한 여성분들이 되게 안쓰러워요. 만약 불법촬영을 하는 것을 본다면 제가 나서서 경찰에 꼭 신고하겠습니다.

- 미미하다고 느꼈던 불법촬영의 실태가 이렇게 심각하다는 것을 깨달았고, 불법촬영이 없어졌으면 좋겠지만 계속 이런 일이 있을지도 모른다는 생각에 안타까운 생각이 들기도 해요. 하지만 저는 커서 이런 범죄를 절대 저지르지 않을 거예요.

- 디지털 성범죄에 대해 정확히 알게 되었고 불법촬영이 한 사람의 인생을 망칠 수 있다는 것이 충격적이었어요. 그래서 저는 불법촬영물을 올리는 사람을 신고하고, 찍지도, 보지도 않을 거예요.

가해자가 잘못한 거라고
모두가 말할 수 있도록

서약서 쓰는 활동을 둘러보는데, 일부 여학생들이 오히려 '짧은 치마나 바지를 입지 않겠다' 등 자기방어적으로 옷차림을 반성하는 내용을 썼다. 사춘기에 들어선 6학년 여학생이니 주변 어른들에게 얼마나 많은 옷차림 단속을 받았을까 싶어 이

해도 되었다. 하지만 수업의 결론이 이렇게 흘러가면 안 될 것 같다는 생각이 들었다.

망설이고 있을 찰나, 같은 모둠의 민국이가 말을 걸었다. "그 조항은 서약서 내용으로는 적합하지 않은 것 같아." 수인이는 "내가 뭘 입든 입지 않든 이건 내 표현의 자유지."라며 반박했다. 수인이의 말에 잠시 고민하던 민국이는 이렇게 제안했다. "그 선택이 너의 자유라는 점은 인정하는데…. 네가 성범죄를 예방하려고 만드는 실천서약서에 그렇게 쓰면 성범죄의 원인이 여자들의 옷차림 문제라고 인정하는 것처럼 보이잖아. 범죄를 저지르는 사람이 잘못된 거니까 다른 내용으로 바꾸는 게 어때?"

내가 교사라는 사실이 다시 한 번 뿌듯해지는 순간이었다. 민국이는 흔히 피해자에게 책임을 돌리는 성범죄 사건의 근본적인 오류를 제대로 짚고 있었다. 남학생들도 이런 문제들에 민감하게 반응하고 함께 대처한다면 훨씬 더 빠르게 문제가 해결될 수 있지 않을까 하는 기대감에 가슴이 벅차올랐다. 지금 이 시점에서 성 고정관념이나 성차별 문제에 대해 민감하게 반응하도록 가르치는 교육이, 또 함께하는 아이들이 옳은 방향으로 가고 있다는 확신이 들었다.

나는 아이들이 분명 이 수업을 듣기 전과 달라졌을 거

라 믿는다. 동시에 모든 학생이 배운 대로 실천하지 않을 거라는 점도 인정한다. 누군가는 불법촬영물을 볼 수도 있을 것이다. 하지만 적어도 그 행위 자체가 범죄라는 사실, 한 인간의 존엄성을 짓밟고 있다는 죄책감에서만큼은 영원히 벗어날 수 없을 것이다. 특정 성별이라서 겪는 차별과 그것을 바라보고 다루는 사회의 시선에 불편함을 느낄 것이다. 이것이 내가 생각하는 젠더 교육이다.

누군가는 젠더 교육을 '공교육에서 트랜스젠더를 길러 내고, 여성우월주의 이념을 가르치는 교육'이라고 생각한다. 하지만 젠더 교육은 민국이의 말처럼 "성범죄는 가해자의 잘못이지 피해자의 잘못이 아니야."라고 모두가 말할 수 있게 하는 것, 그 누구라도 새벽에 불 꺼진 화장실이 안전하다고 믿을 수 있는 사회를 만드는 것, 우리 반 학생들이 서로를 성적 대상으로만 바라보지 않고 마음을 나눌 수 있는 친구가 되는 것, 고작 성별에 구애받지 않고 보다 자유롭게 사고하고 행동할 수 있도록 돕는 것, 더 나아가 모두가 동등한 인간으로서 존중받는 행복한 세상을 만드는 것이다.

▶ 단순히 피해자를 동정하는 데 초점이 맞춰지지 않도록 특히 유의해야 한다. 혹시라도 같은 상황에 처했을 때 무조건 슬퍼하거나 힘들어하기보다는 피해자가 적극적으로 조치에 나선 덕분에 변화가 일어났다는 인식을 가지도록 이끈다.

▶ 안타깝게도 디지털 성범죄 관련 사건들은 수시로 사회적 이슈가 되고 있으므로, 교사는 학생들이 일상생활에서 주로 보고 겪을 수 있는 시의적절한 사례 위주로(온라인 그루밍, 불법촬영 및 유포 사건 등) 수업을 준비한다. 관련 법이 최근까지 강력하게 처벌하는 방향으로 개정되어 왔고, 디지털 성범죄가 명백한 범죄라는 사실을 주지하고 체감할 수 있도록 한다.

▶ 여성가족부 홈페이지-교육정보-교육자료실-폭력예방교육자료-성폭력예방 탭에 '디지털 성범죄 예방 교육' 자료가 초등/중등/고등용으로 나누어져 탑재되어 있다. 교사는 학생용 매뉴얼 및 교사 수업용 PPT 자료를 내려받을 수 있다.

▶ 관련 단원은 사회 6학년 2학기: 4-(1). 변화하는 세계 속의 우리(우리가 만들어 가는 미래 사회). '정보화가 일상생활에 미치는 악영향을 이해하고, 이에 대한 대응 방안을 찾을 수 있다'는 성취기준과 창의적 체험활동에 배정된 성교육 시간을 활용해 수업을 기획했다. 여러 명이 쓴 개인실천서약서의 의견들을 모아 하나의 정돈된 내용으로 합치는 과정이 생각보다 오래 걸릴 수 있다. 혹시 시간이 부족하다면 학급 회의 시간에 안건 중 하나로 가져와 필요한 부분을 논의해서 공동실천서약서 작성을 마무리할 수 있다.

▶ 학년 전체의 캠페인 활동이나 구체적인 실천으로까지 이어진다면 더 큰 교육적 효과가 있을 것이다. 학기 말이 아닌 학기 중에 진행하며 동학년 교사들과 사전에 수업에 대한 이야기를 함께 나누고 아이디어를 공유하는 것이 좋다.

▶ 학급공동실천서약서 작성 활동 외에도 디지털 성범죄에 맞서 싸우는 분들께 지지와 응원의 편지를 쓰는 활동을 해 볼 수 있다.

▶ 어른들도 정확히 몰라서 인터넷에 물어보는 디지털 성범죄 Q&A

Q. '몰카'라는 용어가 맞나요?

A. X. '불법촬영'이라는 용어가 맞습니다. 예전에 한 예능 프로그램에서 '몰래카메라'라는 이름을 사용하면서, 재미나 좋은 목적으로 몰래 촬영을 할 수 있으며 이는 범죄 행위가 아니라는 인식이 생겼습니다. 그러나 카메라를 이용한 '범죄 행위'를 지칭할 때는 범죄라는 인식을 확실하게 심어 주기 위해서 '몰카'가 아닌 '불법촬영'이라는 용어를 쓰는 것이 맞습니다.[15]

Q. 호기심에 몰카 영상물을 받아서 그냥 보기만 했습니다. 제가 찍은 건 절대 아닙니다. 저는 찍지 않고 다운받아 보관만 했는데 이것도 불법촬영으로 처벌받나요? 피해자가 직접 고소하지 않으면 문제는 없지 않을까요?

A. O. 불법촬영물의 내용 등에 따라서 시청만 하더라도 '성폭력범죄의 처벌 등에 관한 특례법' 및 '아동·청소년의 성보호에 관한 법률' 위반으로 형사 처벌될 수 있습니다. 기존에는 다운로드를 받는 행위가 처벌 대상이 아니었으나 2019년 N번방 사태 이후 법정형과 벌금형이 상향 개정되고, 새로운 조항이 신설되는 등 처벌 규정이 강화되었습니다.[16]

Q. 성적 욕망 또는 수치심을 유발할 수 있는 다른 사람의 신체란 구체적으로 어디를 말할까요?

A. 촬영 당시의 상황을 구체적으로 종합해서 판단합니다. 대법원 판례에 따르면 객관적으로 피해자와 같은 성별, 연령대의 일반적이고도 평균적인 사람들의 입장에서 성적 욕망 또는 수치심을 유발할 수 있는 신체에 해당되는지 여부를 고려합니다. 아울러 피해자의 옷차림, 노출의 정도, 촬영자의 의도와 촬영에 이르게 된 경위, 촬영 장소·각도·거리, 원본의 이미지, 특정 신체 부위를 부각하는지 등을 종합으로 고려해 결정합니다. 예를 들어 야간에 버스 안에서 휴대폰 카메라로 옆 좌석에 앉은 여성(18세)의 치마 밑으로 드러난 허벅지 부분을 촬영한 사례는 법을 위반한 것으로 인정되었습니다.[17]

Q. 촬영한 사람 말고 제삼자가 공개한 경우도 처벌받나요?

A. O. 촬영물을 촬영한 사람과 반포·판매·임대·제공 또는 공공연하게 전시·상영하는 사람이 반드시 같은 사람이어야 하는 것은 아닙니다. 촬영대상자의 의사에 반한다면 제삼자가 공개한 경우에도 범죄가 성립될 수 있습니다.

'성평등'이라는
단어가 사라지는
그 날까지

이선희

6
학년

왜 성평등이
중요한가요?

'지구촌 문제' 하면 무엇이 떠오르는가? 머릿속에 전쟁, 난민, 기아, 환경, 빈부 격차, 인종차별, 문맹 등의 이미지가 자연스럽게 떠오른다. 아마도 자라 오면서 그렇게 보고 듣고 교육받아 익숙하기 때문일 것이다. 그럼 요즘 아이들의 생각은 어떨까? 아이들도 비슷하다. 지구촌 문제에 무엇이 있냐는 물음에 "성차별이요!"라고 대답할 아이는 아무도 없다는 뜻이다. 내 주변의 성차별도 문제로 인지하지 못하는데 성차별이 감히 전 지구적 문제라고 의문을 품을 학생은 없다. 최근 우리 사회뿐 아니라 세계 곳곳에서 미투 운동이 벌어지고 더불어 스쿨 미투 이야기도 나오곤 했지만, 여전히 아이들 대부분은 그것이 자신과는 동떨어진 어른들의 문제라고 생각할 뿐이다.

교사들의 인식도 크게 다르지 않다. 교육에서 성평등에 대해 조금이라도 관심을 갖고 가르치려 하면 예민하고 약간은 유난 띠는 교사가 된다. 인성 교육이다, 안전 교육이다, 코딩 교육이다, 쏟아지는 각종 교육들을 다 담다 보면 젠더 교육은 어느새 저 뒷전으로 밀려난다. 인권 교육의 범주에서 성평등 가치도 다루려 하면 "'남자'가 잘할 수 있는 일을 하고 '여자'가 잘할 수 있는 일을 하면 되지, 요즘 같은 시대에 군이 성평등을 강조할 필요가 있나요."라고 말하는 교사들도 적지 않다. 사회 현상을 보여 주기 위해 여성에 대한 성 고정관념이나 성차별 사례를 더 다루기라도 하면 남성 차별 사례도 '동등하게' 다루어야 한다고 주장한다. 그러지 않으면 '페미니즘'이고 '여성우월주의'라며 비난의 목소리를 서슴지 않는다. 심지어는 '정치적인 것(?)'을 학교에 끌어들인다며 설전이 벌어지기도 한다. '모든 사람'이 끄덕끄덕 납득하고 동의할 수 있는 소재만 가르쳐야 한다는 것이다. 그러나 아이들이 사회에 나왔을 때 모든 사람들이 같은 견해를 가질 수 있는 주제가 과연 얼마나 될까?

교사들이 주 교재로 사용하고 있는 교과서는 앞서 말한 교사들의 인식과 다를까? 현재 초등학교 교육과정 전체 내용 중 양성평등을 명시적으로 다루는 부분은 4학년 2학기 사회 교과서 2단원에서 3차시 정도다. 그러나 그마저도 현실과 거리가 먼 내용으로 구성되어 있다. 교과서를 살펴보면 '암탉이 울면 집안이 망한다' '여자의 웃음이 담장을 넘어가면 안 된다' 등과 같이 요즘 아이들은 잘 알지도 못하는 속담이 성 고정관념으로 제시되어 있다.[18] 또 남자아이들만 서당에서 공부하는 조선 시대 사진과 90년대 학교 사진을 비교하며 성차별이 과거에만 존재했던 문제이고, 남아 있는 성차별은 개인의 편견에 불과한 것처럼 묘사하고 있다.

그러나 세계적 흐름은 성차별에 대한 문제 제기를 '프로불편러'들의 목소리로만 치부하는 한국의 현실과 대조된다.

"왜 여러분에게 성평등이 중요한가요? 2015년이기 때문입니다." 캐나다 저스틴 트뤼도 총리가 한 유명한 말이다. 트뤼도 총리가 이끄는 자유당 정부는 남녀 간 임금 차이를 줄이고, 남성 우위 직종에 여성 인력 비율을 높이며, 남성에게 유급 육아휴직 5주를 보장하는 등 이른바 페미니즘 정책에 예산 수십억 달러를 집행하겠다고 발표했다. 프랑스의 에마뉘엘 마크롱 대통령 역시 '양성평등'을 주요 정책으로 삼았다. 학교 내 성평등 교육을 실시하고, 아동 성폭행 공소시효를 20년에서 30년으로 늘린다는 계획을 발표했다.[19] 개별 국가만의 사례가 아니다. 세계 각국에서는 다양한 방식으로 '세계 여성의 날'을 기념하고 있다. 여성의 권리를 신장하고 차별을 없애고자 한 역사

적 의미를 되새기고 성평등 인식을 확산시키기 위해서다. (우리나라는 2018년에 처음으로 3월 8일 여성의 날을 '법정기념일'로 지정했다.)

이제 세계는 다른 지구촌 문제와 마찬가지로 성차별을 전 지구가 협력해 극복해야 할 문제 상황이라고 강조하고 있다. 지구촌 문제를 깊게 들여다보면 그 안에 있는 모든 범주에 성차별이 연관되어 있기 때문이다. 여성은 다수지만 사회적 소수자다. 난민 중에서도 여성 난민은 난민촌에서 강간을 당하고, 8세 이하 여아들은 할례 문화로 고통을 받고 있다. 흑인 여성은 흑인이라는 이유로 차별받는 동시에 여성이라는 이유로 희롱과 억압을 당한다. 그래서 국제연합UN 총회에서는 2016년부터 시행할 지속가능발전목표Sustainable Development Goals 17개를 채택하고, 그중 다섯 번째에 '성평등'을 두었다. '인류 절반의 온전한 인권과 기회를 계속 거부한다면, 온전한 인간의 잠재력과 지속 가능한 개발은 불가능하다'는 것이 채택의 이유였다. 이렇게 인권 차원에서 성차별을 바라볼 때, 우리는 성평등이 전 지구적 과제임을 발견할 수 있다.

성차별에 대한 전반적인 인식 변화와 이를 반영한 시의적 절한 젠더 교육을 통해 우리 아이들이 세계시민으로서 지구촌 성평등을 이루는 데 함께 발맞춰 나가기를 바라며 준비한 수업을 소개하려 한다.

지구촌 성차별은
처음입니다만

조금만 관심을 기울여 성취기준이나 교과서를 찾아보면 성평등 주제를 다룰 수 있는 부분은 무궁무진하다.

나는 6학년 학생들을 위해 사회(함께 해결하는 지구촌 문제)와 국어(연설을 듣고 타당성 판단하기, 텔레비전 뉴스가 우리 생활에 미치는 영향을 생각하며 뉴스 만들어 발표하기)에 있는 세 가지 학습 내용을 재구성한 프로젝트 학습을 4차시로 진행했다.

수업을 시작하며 물었다. "여러분들이 생각하는 지구촌 문제에는 어떤 것들이 있을까요?"

아이들은 학교에서 배우고, 모금 활동이나 뉴스에서 들은 대로 대답했다.

"빈곤이나 기아 문제요."

"시리아 난민 문제나 팔레스타인-이스라엘 영토 전쟁이요!"

"전염병이나 더러운 물을 마시고 많은 아이들이 죽어 가고 있어요."

"지구온난화요."

"그럼 선생님이 퀴즈를 하나 낼게요. 아직 여러분이 답하지 않았지만 전 세계에 걸쳐, 인류 역사의 아주 오랜 세월 동안, 인류의 절반이 혹은 그 이상이 피해받거나 고통을 겪는 문제가 있어요. 그 지구촌 문제는 무엇일까요?" 이 정도 단서를 주면 적어도 한두 명은 대답을 할 수 있을 거라 내심 기대했다. 하지만 그것은 곧 나의 희망사항이었음을 깨달았다. 아이들은 환경 문제 외에 다양한 대답을 했지만 그 누구도 '성차별'을 말하는 학생은 없었다. "오늘 이야기할 주제는 성차별이에요."라고 하자 그제야 "아~" 하며 이해하는 아이들도 있었으나 전혀 감을 잡지 못해 어리둥절한 표정을 짓는 아이들도 있었다.

그도 그럴 것이, 예전에 학생들에게 성차별 사례에 대해 물었을 때 남학생들이 더 많은 불만을 토로한 적이 있다. 자신이 보기엔 우리 사회가 이미 성평등을 이루었고 오히려 남성이 역차별을 받고 있다는 것이다. 충분히 그렇게 믿고 말할 수 있다고 생각했다. 아이들은 사회의 거울이기 때문이다. 그동안 더 민감해진 젠더 감수성을 반영한 성평등 교육이나 미디어 콘텐츠, 기성세대의 인식이 부족했다. 결국 아이들은 성 고정관념이나 성차별을 무분별하게 드러내는 렌즈를 통해 세상을 왜곡되거나 제한적인 시야로 볼 수밖에 없었다.

아이들의 편견에 인지갈등을 일으키기 위해, 2017년 세계경제포럼WEF의 세계 성性 격차 보고서를 보여 주었다.[20] 세계

곳곳에 존재하는 남녀의 격차를 객관적인 수치로 알려 주려는
의도였다. 보고서에 따르면 2017년 대한민국의 성 격차 지수
Gender Gap Index 순위는 144개국 중 118위다. 심지어 1위를
차지한 아이슬란드도 남녀가 평등하지는 않다. 우리가 말하는
선진국도 예외는 아니었다.

성 격차 지수의 의미를 아이들 수준에 맞게 풀어 '남성이 가
지고 있는 권리가 1이라고 할 때, 대한민국에서 여성이 가지

성 격차 보고서

순위	국가	성 격차 지수
1	아이슬란드	0.878
2	노르웨이	0.830
3	핀란드	0.823
4	르완다	0.822
5	스웨덴	0.816
:	:	:
115	에티오피아	0.656
116	베냉	0.652
117	튀니지	0.651
118	대한민국	0.650
119	잠비아	0.649
120	아랍에미리트	0.649

출처: 2017 세계경제포럼

는 권리는 0.650이다. 0.350만큼 격차가 있는 것'이라고 설명했다. 그러고 나서 "우리가 느끼기엔 이 사회에 성차별이 없는 것 같고, 오히려 가끔은 남학생들이 차별을 받는 것 같기도 한데, 우리나라의 성 격차 지수 순위는 왜 이렇게 낮을까요?" 하고 묻자 아이들은 심각한 표정으로 고민했다. 저마다 생각에 빠졌으나 누구 하나 쉽게 입을 떼지는 못했다.

　혼자서만 고민하기에는 어려운 주제다. 그래서 모둠별로 우리 주변과 사회의 다양한 사례를 바탕으로 이유를 찾아보자고 했다. 처음엔 '성차별'이라는 단어조차 떠올리지도 못했고, 남학생으로서 받는 역차별을 성토했던 아이들은 예상보다 여러 측면에서 여성이 받는 차별을 쉽게 찾아냈다. 가정에서는 엄마가 집안일을 하고 아빠는 직장에 나가 일하는 것이 자연스럽게 느껴지는 현상을, 학교에서는 여자는 보호해야만 하는 존재라는 편견을 심어 주고 여학생 화장을 필수로 보는 사례를 찾았다. 사회적 측면에서는 여성에게 더 엄격하게 가해지는 외모 기준, 공공연한 여성 비하 발언(김치녀, 된장녀) 등을 스스로 발견해 냈다. 그동안 성차별과 관련된 문제 상황을 구체적인 예를 들어 찾아내거나 문제 삼아 공론화할 기회가 없었던 것이지, 아이들이 성차별을 모른다거나 경험하지 않은 것은 아니었다. '뭔가 느낌적인 느낌으로 이상한데'라는 생각만 하고 지나갔을 것이다. 정작 그것이 왜 이상한지, 무엇으로부터 비롯된 것인지 알려 주는 사람도 없고, 언어로 표현할 기회조차 없었기 때문이다.

2018년부터는
여자도 혼자서
영화를 볼 수 있는 나라

아이들 말대로 대한민국이 '헬조선'이라서 우리만 이렇게 성차별 문제를 깊게 체감하는 것일까? 지구촌의 다양한 문제와 그것을 해결하려는 노력을 알아보기 위한 수업인 만큼, 이번에는 해외에서 일어나는 성차별 문제에 대해 얼마나 알고 있는지, 들어 본 적이 있는지 물었다. 세계 곳곳의 성차별 사례들을 간접 경험해 보고, 성차별이 다른 지구촌 문제들과 같이 우리가 해결해 나가야 하는 문제임을 일깨우기 위해서였다.

아이들은 정말 멍하니 머리만 긁적였다. 사실 초등학교 6학년의 발달 수준, 사회적 경험 및 실천 가능성을 고려했을 때 해외의 사례는 큰 관심거리가 아니다. 생소하고 제대로 배워 본적도 없는 지구촌 문제에 대해 말해 보라니. 특히 성차별 문제는 더더욱 접할 기회가 없었을 것이다. 그래서 준비한 자료를 하나씩 짚어 가며 전 세계의 다양한 성차별 사례들을 소개하기로 했다. 문화권별로 대표적인 국가를 하나씩 선정했고, 각 나라에 어떤 문제들이 있는지 차례로 살펴봤다.

첫 번째는 대한민국. 여성에겐 엄마와 직장인이 동시에 허락되지 않는 현실을 드라마 '미생'을 통해 보여 주었다. 회사 내 다른 남성 직원들이 여성 직원이 앞에 있음에도 그 앞에서 '언제 둘째 낳았다고 또 셋째냐'라며 수군거리고 질타하는 내용이었다. 명훈이는 저출생 국가의 원인을 여성의 탓으로 돌리는 사회적 시선에 분노했고, 민서는 이 슬픈 에피소드의 주인공이 다름 아닌 자신의 엄마라는 사실에 속상함과 안타까움을 감추지 못했다.

아이들에게 다음으로 알아보고 싶은 나라를 골라 보라 했더니 미국을 선택했다. 관념 속의 '선진국'으로 존재하는 미국만큼은 다를 거라 기대한 모양이다. 그러나 유명 영화 관계자 하비 와인스타인의 성폭력에 대한 여배우들의 폭로, 세계적 기업인 구글 내 남녀 임금 차별은 그 기대를 무너뜨리기에 충분했다. 세계 어디를 가도 성차별 문제엔 예외가 없다는 사실을 깨달으며 '지구촌 문제'임을 실감했다.

2018년부터는 사우디아라비아 여성들이 혼자서 운전을 할 수 있고, 영화도 볼 수 있다는 뉴스에는 '세상 참~ 좋아졌다'며 헛웃음을 지었다. 아이들이 가장 충격을 받은 사례는 중동 국가, 인도 등지에서 매년 5,000여 명의 목숨을 앗아 가는 명예 살인과 아프리카 국가의 일부 지역에서 일어나는 할례였다. 명예 살인은 주로 가부장제에서 '여성'에게 강요되는 윤리를 지키지 않았을 때 일어난다. 예를 들면 강간 피해를 당한 여성을 가족의 명예를 지킨다는 이유로 살해하는 것이다.[21] 세계보건기구WHO에 따르면, 29개국에서 행해지고 있는 할례는 약 1억 3천만 명의 여성들이 겪은 것으로 추정된다.[22] 할례가 심각한 사안인 이유는 시술을 받는 시점부터 여성의 건강과 생명에 심각한 문제를 일으키기 때문이다. 할례는 병원에서 진행되기도 하지만, 대개 의사 자격이 없는 전통적인 할례 시행자가 칼, 면도기 또는 가위를 이용해 마취 없이 시행한다. 여성들은 시술 도구를 통한 에이즈 감염, 출혈, 요로 및 질 감염, 만성적인 통증, 월경 저해를 겪을 뿐만 아니라, 출산 시 사망에까지 이르는 등 더욱 큰 위험에도 처할 수 있다.

아이들은 눈살을 찌푸리며 고통스러워했다. "왜요? 뭐 때문에 저러는 거예요?" "이렇게 하는 이유가 뭔가요?"라며 도저히 이해할 수 없다고, 단지 '여성이라는 이유로' 당하는 폭력이 이렇게도 가혹한지 몰랐다고 했다. 더 이상 할 말을 잃은 듯 초점을 잃은 채 그저 침묵하는 아이들도 있었다.

아이들의 표정이 너무 굳어져서, 세계 성 격차 보고서에서 2위를 차지한 나라인 노르웨이의 사례를 소개했다. 정치·경제 분야의 높은 여성 참여율, 남녀 징병제 등을 통해 성평등한 사회의 모습을 미리 엿보게 했다. 노르웨이의 사례는 성 격차 지수가 1에 가까운 이상적인 사회를 상상해 보는 계기가 되었다.

많은 남성들이 페미니즘을 말하면 막연한 거부감을 갖고 여성의 권익만을 신장시키는 것이라며 분노한다. 여성들이 남성과 동등한 인간으로서 온전한 권리를 갖고, 편견이나 제약 없이 폭넓게 사회에 진출하며, 남성과 동일한 노동을 했을 때 동일한 임금을 받게 된다면 남성도 경제적 부담감과 책임감, 무조건적인 의무감을 덜고 함께 행복해질 수 있을 텐데 말이다.

아이들은 성차별로 인한 세계 여러 곳의 문제 사례를 보며 어떤 생각을 했을까. 유인이는 우리나라만 심각한 줄 알았는데 여성 인권이 믿을 수 없을 정도로 바닥인 나라들도 있는 걸 보니 전 세계가 성평등으로 나아가려면 갈 길이 멀다며 한숨을 내쉬었다. 평소 말수가 없는 세빈이마저 '성 격차 지수를 표에 담긴 숫자로 볼 때는 그렇게 큰 차이가 날까 하고 생각했는데 직접 사례를 보니 훨씬 더 심각하게 와닿는다'고 놀라워했다. 정도의 차이는 있지만 성 격차 지수는 그저 종이에만 박혀 있는 숫자가 아니었다. 성희롱부터 명예 살인에 이르기까지, 지구촌 곳곳에서 여성은 인권을 억압받고 생존을 위협당하고 있었다. 여성이 남성과 동등한 인간으로서 존중받지 못함을 여실히 보여 주는, 누군가는 이미 성평등을 넘어 역차별이 이루어지고 있다고 주장하는 2017년의 현실이었다.

지구 건너편의 프로불편러들

성차별 문제를 해결하는 방법을 찾기 전에 먼저 국제기구와 비정부기구들의 종류와 역할을 소개했다. 교과서에 나온 국제연합, 세계보건기구, 유엔아동기금UNICEF, 국제연합안전보장이사회UNSC, 유네스코UNESCO 등 여러 국제기구와 그린피스Greenpeace, 굿네이버스Good Neighbors, 해비타트Habitat, 국경없는의사회MSF, 한국국제협력단KOICA, 옥스팜OXFAM 등 비정부기구의 활동을 보여 주며 각각의 기구가 어떤 목적으로 설립되었고, 지구촌의 문제를 해결하기 위해 어떤 활동과 노력들을 하고 있는지 구체적으로 알아봤다.

그중 여성 차별 철폐와 성평등 실현을 위해 설립된 국제기구인 유엔여성기구UN WOMEN를 좀 더 들여다보기로 했다. 이 기구는 시민사회와 협력하고 각국 정부를 기술·재정적으로 지원해서 여성의 권익 향상과 경제 개발·인권·안보 부문의 성평등에 힘쓰고 있다고 알려 주고, 친선 대사인 엠마 왓슨의 연설 'HeForShe'를 함께 시청했다. 페미니즘은 남성과 여성이 동등한 권리와 기회를 갖는다는 믿음이며 남성들이 스스로를 옥죄는 성 고정관념에서 자유로워진다면 자연스럽게 여자들에게도 다양한 변화가 이어질 것이라는 내용이었다.

평소 국제사회 이슈에 관심이 많은 윤규가 질문을 했다.

"그럼 왜 유엔남성기구는 없어요?"

윤규는 박학다식한 학생이고, 왜 남자만 군대에 가야 하는지 물었던 적이 있다. 내 짐작엔 정말 몰라서 물은 것이 아닌 것 같았다. 다만 오늘따라 여성 차별을 위주로만 다루는 것이 신경 쓰였던 것 같다. 나는 대답 대신 윤규에게 되물었다. "왜 유엔남성기구는 없을까? 윤규라면 어떤 기구를 더 만들면 좋을 것 같아?" 윤규는 더 생각해 보겠다고 말했다. 사실 윤규만의 고민은 아닐 것이다. 흔히 성평등을 논할 때 어떤 사람들은 여자가 하나를 가지면 남자도 하나를 가져야 한다는 기계적 성평등을 강조한다. 하지만 성 격차 지수에서도 확인할 수 있듯이 세계 어디에서도 경제, 교육, 건강, 정치 등 사회의 전 영역에서 남녀가 동등한 국가는 단 한 곳도 찾을 수 없다. 1위인 아이슬란드조차도 0.878이다. 이미 남성이 모든 분야에서 우위를 차지하고 권력을 갖고 있는 구조에서 그 균형을 맞추기 위해, 기울어진 운동장의 수평을 맞추기 위해 유엔은 어떤 기구를 설립해야 할 것인가? 당연히 '유엔여성기구'가 아닐까.

다음으로는 정부와 국제기구, 비정부기구가 하는 일을 참고해 우리가 할 수 있는 해결책을 찾아 실천해 보는 시간을 가졌다. 모둠별로 세계 각국의 나라 중 관심 있는 나라를 선정하고, 지구촌 문제 중 자신의 모둠에서 생각하기에 가장 시급한 문제라고 생각하는 주제를 고르라고 했다. 자료를 조사한 후에는 모둠원들이 생각하는 문제 해결 방안을 반영해 뉴스를 만들게 했다.

6개 모둠 중 네 모둠이 성차별 관련 주제를 다루었다. 학교 수업 시간 내 성차별, 직장 내 성차별, 파키스탄의 여성 명예 살인, 예멘 소녀의 강제 결혼을 뉴스 소재로 삼았다. 나머지 모둠은 아동 노동 착취와 인종차별을 주제로 정했다. 자료 조사, 대본 제작, 촬영, 편집까지, 성차별이라는 생소한 주제로 뉴스를 만들기 위한 빠듯한 작업이 두 차시에 걸쳐 이어졌다. 집에 가서 자료 조사나 편집을 해 오는 등 열정을 불태웠던 아이들은 자신만의 관점에서 기대 이상으로 좋은 뉴스를 만들어 주었다.

첫 번째 모둠은 체육 시간에 주장은 항상 남학생만 하는 것, 교과서에 남학생은 힘세거나 실수하고 장난기 많은 이미지로만 주로 그려지는 것, 남녀 학생을 대하는 교사의 태도 등 아이들 입장에서 민감하게 느끼는 성차별을 지적했다. 인터뷰 끝에는 이런 성 고정관념과 성차별이 모여 성별에 상관없이 한 사람의 무한한 가능성을 제약하게 된다는 앵커의 멘트로 뉴스를 멋지게 마무리했다.

기업 내 성차별을 다룬 모둠에서는 현재 우리 사회의 취업 및 직장 문제를 그대로 재연해 아이들 눈으로 본 기업 조직 내의 성차별을 여실히 드러냈다. 마지막에는 이에 대한 대책으로 성평등이 보장되는 올바른 사회를 만들기 위해 정부가 각 부처마다 성평등 담당실을 만들어야 한다고 제안했다. 발표를 들은 아이들은 실천 가능성이 부족해 보이지만 그만큼 국가 차원에서 법과 제도를 만들고 꼭 실행해 주었으면 한다고 말을 보탰다.

세 번째 모둠은 부모가 반대하는 결혼을 했다는 이유로 가족들이 던진 돌에 맞아 숨진 20대 임산부를 다루었다. 아버지가 딸을 살해하고도 처벌받지 않은 사실을 강조하며, 명예 살인은 어떤 이유에서든 명백한 인권 침해 행위라고 지적했다. 아울러 약자인 여성이 희생되는 방식으로 문제가 해결되어서는 안 되고, 명예 살인 가해자에 대한 법을 더욱 엄격하게 개정해야 한다고 밝혔다.

네 번째 모둠은 예멘에 사는 '나다'라는 열한 살 소녀가 사우디아라비아의 한 남성에게 돈을 받은 부모 때문에 강제 결혼을 하게 된 사례를 재구성했다. 강제 결혼이 여자아이들의 인생과 꿈을 빼앗고 있다며 이를 해결하기 위해 결혼 연령을 법제화하고, 조혼과 강제 결혼 피해자들을 위한 교육도 이루어져야 한다고 목소리를 높였다.

대한민국에서 우리가 겪는 차별 이야기부터 예멘의 어린이 강제 결혼까지. 아이들은 자신이 뉴스에 등장하는 것을 부끄러워하면서도 친구들이 만든 뉴스를 진지하게 시청하고 각자의 소감을 발표했다.

"여자아이들이 우리와 동갑이라 더욱 공감이 되었어요. 부모님 때문에 강제로 결혼하면서 자기의 꿈을 펼 수 없게 되었다는 사실이 너무 안타깝고 잔인하다고 생각했어요."

"아직도 인간 이하의 취급을 받는 여성들이 있다는 게 충격적이었어요. 이런 일들이 빨리 사라졌으면 좋겠어요."

"옛날부터 내려오는 남성의 가부장적 권위 의식 때문에 피해를 보는 여성이 많은 것 같아요. 우리나라는 상대적으로 나은 편이지만 여기서 만족해서는 안 된다고 생각해요. 그렇지만 남녀가 편을 갈라 싸우기보다는 역지사지해서 서로를 이해하고 함께 행복해지는 방향으로 나아갔으면 좋겠어요."

"이렇게 세계 곳곳에 성차별 문제가 많은지 새롭게 알게 되었습니다. 이런 일이 생기지 않도록 적은 돈이지만 유엔여성기구에 후원하고 싶습니다."

'전 세계에 걸쳐, 아주 오랜 세월 동안, 인류의 절반이 혹은 그 이상이 피해받거나 고통을 겪는 문제는 무엇일까?' 수업을 시작할 때 던진 질문이었다. 분명 처음엔 아무도 '성차별'이라고 대답하지 못했다. 하지만 수업이 끝날 즈음, 아이들은 자신의 언어로 지구촌에서 발생하는 성차별을 이해하고, 그에 대해 어떻게 생각하며 무엇을 할 것인지 말할 수 있게 되었다.

연민에서
실천으로

돌이켜 보면 내가 받은 최초의 지구촌 인권 교육은 '유니세프 카드'였다. 연말이 되면 담임 선생님께서는 지원이 필요한 국가의 아이들이 직접 그렸거나 아이들을 돕기 위해 예술가들이 그린 그림이 인쇄된 카드를 몇 장 보여 주셨다. 그러곤 이 카드를 사면 굶주리고 병에 걸린 아프리카 아이들을 살리고 도울 수 있다고 하셨다. 어렸던 나는 카드를 판매하는 원래 취지도 좋았지만, 카드 디자인이 예쁘니까 마냥 갖고 싶었고 이 카드를 구입하는 것이 아프리카의 어려운 아이들을 돕는 최선의 방법이라며 부모님을 설득했다. 그래서 꽤 비싼 가격임에도 불구하고 매해 연말이 되면 카드를 구입했다. 그 카드로 나의 지인들에게 안부를 묻고 생일 축하 인사를 건네곤 했다. 그러던 어느 날, '이 그림을 그린 아이는 누구일까?' 하는 의문이 진심으로 들었다. 내가 생전 만난 적도 없는 지구 건너편 타인들의 존재가 궁금해지기 시작했고 그들의 삶에 조금씩 관심을 갖게 되었다. 어느 순간 그들의 아픔이 신경 쓰였으며 현재는 그 아이들에게 도움의 손길을 보내고 있다. 그렇게 작은 연민과 호기심으로 시작했던 '유니세프 카드'는 조금씩 그들에 대한 '이해'로 그리고 세상을 바꾸려는 '나눔과 행동'으로 이어졌다.

이처럼 젠더 교육은 거창하고 어려운 일이 아니라고 생각한다. 물론 카드 몇 장 사는 것으로 빈곤과 기아가 없어지지 않듯이, 지구촌 성차별 사례를 배운다고 하루아침에 성평등이 이루어지지는 않을 것이다. 그렇지만 아이들의 발달 수준에 맞는 체계적인 젠더 감수성 수업이 조금씩 쌓여 작은 인식의 전환으로, 다른 성에 대한 이해로, 성차별이라는 전 지구적 인권 문제를 해결하고 불필요한 사회적 낭비를 막아 내는 행동으로 이어질 수 있다고 믿는다. 그렇게 성평등이 사회적 합의와 기본 인식 속에 내재된다면, 교과서에서 '성평등'이라는 단어가 사라지는 날이 오지 않을까?

▶ 첫 번째 활동에서 성 격차 지수가 벌어지는 현상을 찾아보게 하기 전에 가정, 학교, 사회, 뉴스, 음악 등 다양한 범주를 미리 제시하면 아이들이 조금 더 쉽게 찾아낼 수 있다.

녹색 어머니회와 마미캅

이예원

"성우 어머니, 인원이 너무 부족해서 그런데 해 주시면 안 될까요?" "어우 선생님, 저도 너무 바빠서요. 죄송합니다."

　3월, 초등학교에서는 눈치 싸움이 시작됩니다. 마미캅(어머니폴리스)을 찾아야 하는 자와 피하고 싶은 자의 실랑이입니다. 노란 조끼를 입고 학교 구석구석을 돌아다니며 아이들을 보호하는 마미캅은 100% 보호자의 봉사로 이루어집니다. 문제는 자발적인 참여만으로는 인원이 턱없이 부족하다는 것이지요. 그래서 교사들은 알림장으로, 전화로 도와주십사 '어머니들께' 부탁을 드려야만 합니다.

　아이들 등굣길 교통안전을 책임지는 녹색 어머니회는 어떨까요? 마미캅이 모병제라면 녹색 어머니회는 징병제입니다. 전교생의 '어머니'들이 빠짐없이 참여해야 하지요. 때문에 녹색 어머니의 늦은 톱스타 고소영도 피해 갈 수 없었습니다. 배우 채시라가 녹색 어머니 옷을 입고 교통 지도를 하는 모습이 인터넷을 통해 알려져 큰 이슈가 되기도 했었지요.

녹색 어머니회와 마미캅은 아이들을 위한다는 명목 아래 어머니들을 강제로 동원해 왔습니다. 여러 가정의 사정을 고려하지 않은 학교 제도로 인해, 맞벌이 엄마는 '아이를 위해 하루도 못 빼냐'는 핀잔을 들어야 합니다.

강제 동원도 문제지만 특히 그 책임을 '어머니'에게만 지우고 있어 상황은 더욱 악화되고 있습니다. 엄마들이 육아 정보, 학교 정보 등을 공유하며 소통하곤 하는 지역 맘카페에는 녹색 어머니에 대한 글이 심심치 않게 올라옵니다. '오늘 녹색 어머니를 했는데 이름이 녹색 부모님이었으면 아빠가 반차 내게 해서 보냈을 거예요' '녹색 어머니회가 아닌 녹색 학부모회를 만들자!' 엄마라는 이유로 육아는 물론 자녀 교육과 관련된 대부분의 일을 전담해야 하는 현실이 고스란히 담겨 있지요. 온라인뿐만이 아닙니다. 학교 현장에서도 많은 보호자들이 "녹색 어머니 활동을 아빠가 하면 안 되나요?"라는 질문을 종종 하십니다.

그래서 저와 연구회 선생님들은 근무하고 있는 학교에 봉사단 명칭을 변경하자고 여러 해 동안 건의해 왔습니다. 녹색 어머니회와 마미캅에는 모두 어머니라는 단어가 들어갑니다. 이러한 명칭은 '양육의 책임자=어머니'라는 전통적인 성 역할에서 벗어나지 못했음을 여실히 보여 줄 뿐만 아니라 성 고정 관념을 강화합니다. 또한 한 부모 가정 등 가족 구성원의 다양성을 전혀 존중해 주지 못합니다. 하지만 명칭을 변경하자는 건의에 대한 학교의 답변은 '녹색 어머니회와 마미캅이란 이름은 전국에서 사용하는 정식 명칭이다, 바꾸고 싶으면 학교가 아닌 정부에 건의하라'였습니다. 저희가 제기한 문제를 함께 나누고 해결하려는 노력이 거의 없었지요.

그래도 매년 건의한 보람이 있었는지 올해는 봉사단 명칭이 수정되었습니다. 명칭을 학교 재량으로 바꿀 수 있게 된 것입니다. 아마 저희와 같은 생각을 한 사람들이 많았기 때문이 아닐까 싶습니다. 그래서 저희 학교는 녹색 어머니회를 '학부모교통봉사단'으로, 마미캅은 '학부모안전봉사단'으로 바꿨습니다. 명칭에 '어머니' 대신 '학부모'란 낱말이 들어갔을 뿐인데, 올해에는 학교 앞 등굣길에서 작년보다 많은 아버지들께서 교통 지도를 하시는 모습을 볼 수 있게 되었습니다. 여러 곳에 계신 아버지들을 보며 '녹색 어머니'가 그동안 아버지들에게 학교에 대한, 자녀 교육에 대한 높은 진입 장벽이었던 건 아닌지 생각해 보게 되었습니다. 아이들은 제가 교실에 들어오자마자 "오늘 아빠가 교통봉사단 하셔서 같이 학교에 왔어요!" "어, 우리 아빠도 오늘 교통봉사단 하시는데!"라고 앞다퉈 말하며 기뻐했습니다. 학부모교통봉사단을 하게 된 아빠가 오랜만에, 아니면 처음으로 자기와 같이 학교에 가자 들뜬 것이겠지요.

이렇게 문제가 다 해결된 줄 알았습니다. 하지만 '학교의 재량'에 맡긴 결과 상당수의 학교에서 아직도 녹색 어머니회, 마미캅이라는 명칭을 사용하고 있었습니다. 놀랍게도 인근 경찰서에서는 각 학교에서 뽑힌 학부모교통·안전봉사단 대표들과 함께 녹색 어머니회, 어머니폴리스란 이름 그대로 발대식을 진행하고 있었습니다. '학부모안전봉사단'은 학교에서 벗어나자마자 '어머니폴리스' 발대식에 참여하고, 아이들은 '어머니폴리스'가 적힌 조끼를 입은 아버지들의 지도를 받는 것이었습니다. 진짜 국민 청원이라도 해야 했을까요? 학교 안 명칭이 바뀐 것은 첫 걸음마를 뗀 셈이고, 완벽하게 해결되려면 시간이 좀 더 필요해 보입니다.

아이들은 국어 시간, 수학 시간, 사회 시간에만 배우지 않습니다. 학교를 다니며 사회를 접하고 학교의 규칙이나 제도를 통해 학교가 중요시하는 가치를 내면화합니다. 아이들의 인생에 더 큰 영향을 끼칠 수 있는 것은 어쩌면 이런 잠재적 교육 과정일 수 있습니다.

학교는 '녹색 어머니회'와 '마미캅'이라는 말로 육아의 책임을 엄마에게만 전가하고 있습니다. 모든 아이들이 자유롭게 꿈을 꾸도록 격려하지만 여자아이들의 미래는 양육을 겸할 수 있는 직업으로 제한합니다. 평등이라는 가치는 교과서에만 존재하는 것일까요? 이런 이중적인 모습에 자칫 아이들은 학교에서 가르치는 보편적인 명제와 실제로 느끼는 현실의 괴리감만 크게 느끼진 않을까요? 평등이라는 단어만 부르짖을 뿐, 정작 10여 년 전부터 학교의 성평등 시계는 멈춰 있습니다. 이제는 모두를 위해 성평등 시계가 가야 할 때입니다.

작지만 분명한 변화가 일어나는 중입니다

예전에는 몰랐다. 남자는 이래야 하고, 여자는 이래야 한다고 말하는 것이 성차별이라는 것을.
_고유빈

성평등을 아이들의 학교생활에 구체적으로 적용시켜 자연스럽게 이해할 수 있도록 수업한 점이 좋았습니다. 주변의 불평등한 상황이나 언어 표현 등을 보면 나서서 바로잡는 아이의 모습을 보며 부모로서 뿌듯했습니다.
_고유빈 학생 보호자 유소현

남자가 하는 일, 여자가 하는 일이 정해진 게 아니었다. 전과 달리 내가 꿈꿀 수 있는 미래가 넓어져 장래 희망에 대한 행복한 고민도 많아졌다. _김시율

TV를 볼 때나 평상시 했던 행동들에 성차별이 있다는 것을 아이 스스로 깨달은 것 같습니다. 교육을 통해 장래 희망을 생각하는 폭도 넓어지고, 아이들이 성장하는 모습을 확인할 수 있었습니다.
_김시율 학생 보호자 이현화

요즘 미투 운동이 사회 전반적으로 활발히 이루어지는 것을 보며 많은 생각을 했습니다. 어릴 때부터 올바른 성평등 교육을 받는다면, 이 아이들이 어른이 되었을 때는 좀 더 공정하고 서로 존중하는 바른 세상이 될 것이라고 봅니다.
_하성종 학생 보호자 이향희

5학년에게 아직은 너무 이르지 않나 조심스럽게 생각했었는데

요즘 확산되고 있는 미투 운동을 보며 '어렸을 때 형성되는 성평등 인식'의 중요성에 대해 다시 생각하게 되었습니다. 저 역시 사회적 묵인에 동조한 부분이 있었던 것 같습니다. 교육이 계속되어 우리 아이들이 지낼 세상에서는 편견, 차별, 폭력이라는 단어들이 뉴스에서 사라져 가기를 바라봅니다.
_강민석 학생 보호자 서현희

"출석 번호가 문제가 있었다고?" 그동안 생각지도 못했다. "상담에 아버지가 가면 이상하지 않을까?" 걱정이 당연시되어 있었다. 우리 아이들은 작은 것부터 하나하나 생각하고 변할 수 있게 되길 바란다.
_김세찬 학생 보호자 박은우

처음에는 "남녀로 번호를 나누는 게 뭐 어때서?"라고 생각했는데, 1년이 지난 지금은 "왜 남녀를 나누는 거지?"라고 생각하게

되었다. 또 임산부 배려석 수업을 듣고 나니, 지하철을 탈 때마다 분홍색 의자가 비어 있는지 확인하게 되었다. 이렇게 1년의 경험은 내 생활과 생각에 많은 영향을 끼쳤다.
_김세윤

주변에서 쉽게 접하는 광고, 드라마, 만화에도 제가 느끼지 못하는 사이 보이지 않는 남녀의 구분선이 짙게 그어져 있다는 것을 아이 덕분에 깨닫게 되었습니다.
_김세윤 학생 보호자 박은영

나는 성평등에 관심이 거의 없었다. 하지만 이제는 우리 생활에 성차별이 많이 있다는 것을 알게 되었다. 하지만 한순간에 바뀌지는 않는 것 같다. 4학년이 끝날 때쯤 선생님이 '발레 선생님'을 떠올리라고 했을 때, 나는 자연스럽게 여자를 떠올렸기 때문이다. 1년 동안 성평등에 대해 배웠어도, 계속 더 배우고

복습해야 고정관념이 없어질 것
같다.

_박수아

가족 관계 속에도 있었던 성차별
문화를 인식하지 못한 채 생활하고
있었답니다. 성평등을 배운 아이의
눈에는 그 문제가 보였나 봅니다.
아이의 지적 덕분에 이제는 가족
간의 성차별 없이 평등하게
생활하고 있습니다.

_박수아 학생 보호자 이소영

선생님이 추천해 주신 책이
있었다.《82년생 김지영》이다. 그
책은 1980년대에서 오늘날까지
성차별에 관해 적은 것이었다.
이 책을 읽고 성차별 문제가 꼭
없어졌으면 좋겠다고 느꼈다.
학교를 넘어 마을로, 마을을 넘어
도시로, 도시를 넘어 전국으로,
전국을 넘어 세계로 이 문제의
심각성이 퍼져 나가 성평등
사회가 빨리 만들어졌으면 좋겠다.

_이창목

4학년 학교생활에서 아이는 담임
선생님의 성차별에 상처와 강한
반발심을 가졌습니다. 그것을
이용하는 듯 보이는 같은 반
여자아이들에 대한 불만으로
전학을 가고 싶어 했답니다.
부모로서 아이를 다독이거나
인내를 강요하고 시간에
순응하라는 말밖에는 못했습니다.
5학년 학교생활에서 저는 단 한
번도 아이 입에서 성차별 얘기를
들은 적이 없습니다. 권해 주시는
책을 통해 평등을 향해 노력하는
세상을 보게 하시고, 아빠 상담을
통해 다른 시각으로 아이를 더
알게 하고자 하셨던 노력, 어떤
경우에도 권위가 아닌 따뜻한
가슴으로 보듬어 주신 선생님의
사랑 정말 깊이 감사드립니다.

_이창목 학생 보호자 손복주

작년에 성차별 때문에
남자아이들의 불만이 많다고
들었습니다. 저 또한 사회적
분위기를 봤을 때 있을 수밖에

없는 일이라 여겼는데, 5학년 들어와서는 그런 말을 한 번도 들어 본 적이 없네요. 학습이나 놀이에서 성별 구분 없이 아이들이 적극적으로 참여하는 모습을 보고 선생님의 교육 방식을 존경했습니다. 우리 아이들뿐 아니라 다른 교실의 분위기도 바뀔 수 있기를 바라며, 선생님의 노력에 많은 응원 보내 드립니다.

_유동민 학생 보호자 김경래

당연하다고 생각했던 게 당연하지 않게 되었고 당연하지 않다고 생각한 게 당연해졌습니다. 정말 유익했고 가장 좋았던 때가 언제냐고 물으면 초등학교 5학년 때라고 답할 것입니다.

_조희찬

수업을 듣지 않았으면 모르고 지나갔을 이야기들이 너무 많았습니다. 저는 성평등 교육을 받은 후로 꿈도 바뀌었습니다. 모든 세상이 차별에서 벗어났으면

좋겠습니다.

_조은결

평소에는 별로 관심이 없던, 주변에서 일어나는 성차별들을 많이 발견할 수 있었다. 찾다 보니 너무 사례가 많아 고르는 게 힘들 정도였다. 그리고 무엇보다 출석번호, 키 번호가 아닌 '나래번호'가 너무 좋았다. 남녀 섞어서 번호를 매기니까 평소 옆에 서지 않던 친구와도 함께 서며 친해지고, 남자 여자 서로 구분 없이 지낼 수 있었다. 앞으로 성차별에 관심을 계속 가지며 성평등 사회를 만들기 위해 노력하는 내가 될 것이다.

_한희주

학년이 올라갈수록 여자 친구끼리, 남자 친구끼리 어울리는 것이 당연하다고 생각했습니다. 그러나 아이가 성평등 교육을 받고 시간이 흐를수록 자연스럽게 서로를 잘 이해하고 어울릴 수 있게 되어서 어느 때보다 반 분위기가 편안하고

좋았던 것 같습니다.

또 저희 집은 아빠, 엄마의 역할이 구분되어 있는 편인데, 아이가 그런 점에 대해서도 질문해서 가족끼리 대화도 많이 나누었습니다. 집에서는 놓칠 수 있었을 부분들을 교육을 통해 배우며, 올바른 가치관을 형성하는 데 많은 도움이 되었던 것 같습니다.

_한희주 학생 보호자 변현이

가정 통신문 중 회신문 보낼 때 번호가 두 개라 어떤 걸 쓰는지 헷갈려 불편했습니다. 이런 깊은 뜻이 있는 줄 미처 모르고 한 생각이었어요. 여러 가지 신경 써 주셨던 선생님께 감사드립니다.

_박채원 학생 보호자 김복희

부모님은 "여자는 운동을 하면 안 되고, 남색을 입으면 안 된다."라고 하신다. 수학학원 선생님은 "여자가 무슨 체육이야, 공부를 잘 해야지."라고 하신다. 영어

선생님은 "무슨 여자가 이렇게 힘이 세니."라고 하신다. 매일 이런 소리를 듣는다. 나는 고정관념을 조각조각 부숴 버리고 싶다.

_나소율

예전에는 여자라서 여자 편을 많이 들었다면 지금은 누구 편도 들지 않고 아이들을 평등하게 대할 수 있어서 서로 사이가 좋아진 것 같아요. 이젠 누가 성차별을 한다면 언제든 다가가서 당당하게 그건 성차별이라고, 여자든 남자든 그럴 수 있다고 말할 수 있어요.

_김지우

선생님을 만나기 전에는 같은 행동을 해도 항상 남자애들에게만 화내고 놀렸는데, 올해는 반 친구들 모두가 편 가르기 없이 게임하고 때리는 장난보다는 이야기하며 노는 문화에 스며든 거 같아요. 또 영화를 보고 책을 읽으며 그냥 스쳐 지나갔던 것들도 다시 보게 되었어요. 저에게 많은

변화를 가져다주신 선생님께
감사합니다.

_배지원

세 아이 엄마의 경험상 초등학교
고학년이 되면 이성 친구들과의
거리감은 자연스러운 현상이라고
생각했습니다. 하지만 유난히도
수줍음 많은 내 아이가 스스럼없이
여자 친구들도 집에 초대해서
토론하고 놀이를 즐기며 서로
배려하는 모습에서 선생님의
성평등 교육이 스며들어갔음을
느낍니다.

_하승준 학생 보호자 임가영

우리 모두가 굳이 성별로 나눌
필요가 없었어요!

_류다연

엄마인 저는 까칠해지고
불편함을 자주 느껴야 세상이 더
좋아진다는 것을 알면서도 정작
아이에게는 아직 어리지 않나
하는 생각으로 인권 감수성이나

성적 자기 결정권에 대한 문제를
이야기하지 못했었습니다. 황고운
선생님과의 1년으로 딸아이의
문제의식과 비판 의식이 자라난
것이 뿌듯했습니다. 앞으로도
이런 교육이 지속되길 기원합니다.

_강민주 학생 보호자 이정미

처음 해 본 아버지 상담이 약간은
거리감 있던 학교와 아버지
사이를 조금은 가깝게 해 준 것
같고요. 다만 '성평등'에 대해
유난히 예민하게, 무조건적으로
받아들이는 부분은 점차
조율되어야 할 듯합니다.

_서지유 학생 보호자 임희경

주

1장 여자답게, 남자답게 대신 나답게

----

1 Apple, "iPad Pro-What's a computer", 2017. 11. 16.
(https://www.youtube.com/watch?v=sQB2NjhJHvY)

2 Jo B. Paoletti, 《Pink and Blue: Telling the Boys from the Girls in America》, Indiana University Press, 2012

3 〈CNN〉, "Elizabeth Sweet CNN Interview", 2012. 12. 28.
(https://www.youtube.com/watch?v=8u1FS0Kztd0)
〈일다〉, 아이들에게 '젠더리스' 완구가 필요해, 2017. 12. 6.

4 불특정 다수의 사람들이 빠르고 쉽게 이해할 수 있도록 나타낸 그림문자이자 상징 문자.

5 〈KBS〉, "해피선데이-슈퍼맨이 돌아왔다 156회", 2016. 11. 13.

6 Whisper Korea, "#여자답게 위스퍼LikeAGirl Whisper Always", 2015. 12. 29.
(https://www.youtube.com/watch?v=kYoZcGQaEVA)

7 보건복지부의 '2013년 아동안전사고예방사업'의 일환으로 한국생활안전연합, 대한적십자사, 서울시립대 도시방재안전연구소가 제작한 영상.

1   Tracy N. Hipp · Alexandra L. Bellis · Bradley L. Goodnight · Carolyn L. Brennan · Kevin M. Swartout · Sarah L. Cook, "Justifying sexual assault: Anonymous perpetrators speak out online", 〈Psychology of Violence〉 7, Institute on Community Integration, University of Minnesota, 2017, pp.82~90

2   김은경, "성의 상업화가 성의식 및 성폭력에 미치는 영향", 한국형사정책연구원, 2000

3   서윤정 · 박지선, "양가적 성차별주의가 성범죄 사건에 대한 인식에 미치는 영향", 대한범죄학회, 2013

4   〈서울신문〉, 초교 6학년 절반 '월경 · 몽정 잘 몰라'…25%는 '음란물 봤다', 2017. 9. 15.

5   너나나나, "남자는 생리에 대해 얼마나 알까 #생리 고사", 2016. 7. 29.
    (https://www.youtube.com/watch?v=tUHhFSaFWAw)

6   〈EBSLearning〉, "사이틴 시즌3-왔다! 사춘기-생리량이 많으면 빈혈 생겨?", 2015. 10. 5.
    (https://www.youtube.com/watch?v=3XPGo5zAbDY&t=152s)

7   젤리플, "학교에서 생리 때문에 빡치는 순간들", 2016. 3. 8.
    (https://www.youtube.com/watch?v=Ftyyp113GRk)

8   피키캐스트, "매우 현실적인 부착형 생리대 착용법", 2015. 8. 18.
    (https://www.youtube.com/watch?v=cL_ZyIcRyZ0)

9   〈YTN NEWS〉, "'깔창 생리대'…가난한 소녀의 눈물", 2016. 5. 30.
    (https://www.youtube.com/watch?v=SGJFssy3vI8)

10 〈EBS〉, "까칠남녀 7회-나 혼자 한다", 2017. 5. 8.

11 젤리플, "학교에서 발기 때문에 당황한 순간들", 2016. 3. 28.
    (https://www.youtube.com/watch?v=RcU0i1GhsPA)

12 〈EBS Learning〉, "사이틴 시즌3-왔다! 사춘기-야한 생각을 하면 몽정을 할까?", 2015. 9. 17.

(https://www.youtube.com/watch?v=IB0-VYbBxp4)

13   서울시 도시교통본부 교통정책과, 잠깐! 지하철에서 '임산부 배려석' 확인하고 앉으세요, 2013. 12. 2.

14   〈JTBC〉, "못 본 척 고개 푹…배려 없는 '임산부 배려석'", 2016. 2. 2. (https://www.youtube.com/watch?v=oPpDoZ2G2-E)

15   부산광역시, "임산부 배려를 위한 양보신호등 '핑크라이트'", 2016. 3. 30. (https://www.youtube.com/watch?v=CxpjfnOTLzs)

16   지역 보건소 모자보건팀에서는 임산부 체험복을 무료로 대여해 주기도 한다.

3장 교실에서 페미니즘

1   〈한국경제〉, 미혼남녀 '결혼 후 집안일 공동 책임'…실제 여성이 남성 5배, 2018. 02. 12.

2   통계청, "혼인상태별 및 맞벌이상태별 가사노동시간", 2016

3   영주, 《며느리 사표》, 사이행성, 2018

4   통계청, "2017년 하반기 지역별고용조사 맞벌이 가구 및 1인 가구 고용 현황", 2017

5   앤서니 브라운 저 · 허은미 역, 《돼지책》, 웅진주니어, 2001

6   통계청, "2016년 출생 통계", 2016

7   조남주, 《82년생 김지영》, 민음사, 2016, p.35

8   통계청에 따르면 1991년 성별 대학진학률은 남 33.7%, 여 32.6%였다.

9   조남주, 《82년생 김지영》, 민음사, 2016, p.178

10   〈동아일보〉, 같은 학교 여학생 '치마 몰카' 찍어 돌려 본 중학생들, 2017. 8. 25.

11   〈연합뉴스〉, 지하철 불법촬영 집중단속 10명 적발…초등 6학년도, 2018. 7. 9.

12   〈이데일리〉, 몰카는 장난 아닌 범죄입니다…교실까지 번진 '몰카포비아',

2018. 7. 9.

13 〈머니투데이〉, 문 잠갔는데 뚫렸다…여자 화장실 '구멍'의 진실, 2018. 5. 27.

14 〈조선일보〉, 남성이 피해자인 '홍대 누드 몰카' 수사 빨랐던 진짜 이유, 2018. 5. 15.

15 김주혁, "'몰카'와 '도촬'을 구별하자", 한국양성평등교육진흥원 양성평등 미디어, 2017. 8. 2.

16 성폭력범죄의 처벌 등에 관한 특례법 제14조(카메라 등을 이용한 촬영) ④에 따르면, 불법촬영물 또는 복제물을 소지·구입·저장 또는 시청한 자는 3년 이하의 징역 또는 3천만 원 이하의 벌금에 처한다. (신설 2020. 5. 19.)

17 대법원, 2008. 9. 25. 선고-2008도7007 판결

18 2009 개정 교육과정 기준

19 〈시사IN〉, 전 세계는 지금 '미투' 혁명 중, 2018. 3. 21.

20 위 수업에서는 세계경제포럼의 성 격차 지수를 활용했다. 경제 참여와 기회, 교육 성취, 건강과 생존, 정치적 권한 등 크게 네 가지 분야를 바탕으로 측정하는 것으로, 지수가 1에 가까울수록 성평등하다. 또 다른 지표로는 유엔개발기구UNDP의 성 불평등 지수Gender Inequality Index가 있다. 모성 사망률과 청소년 출산율, 여성 의원 비율, 25세 이상 여성 중 중등학교 이상 교육을 받은 비율, 남녀의 경제활동참가율 격차 등을 따져 계산한다. 성 불평등 지수가 0에 가까울수록 성평등하다. 한국은 2015년 기준 0.067점으로 188개국 중 10위다. 여성가족부, "성불평등지수(GII) 현황", 2015

21 가족, 부족, 공동체의 명예를 더럽혔다는 이유로 조직 내 구성원을 다른 사람이 살인하는 행위를 말하며, 명예를 지킨다는 명분 아래 살인을 정당화한다. 간통을 저지른 여성이나 혼전 성관계를 가진 여성에 대한 살인이 주를 이루고 있다. 가장 큰 문제는 조직 내 혹은 외부의 다른 남성에 의해 강간을 당한 경우 피해자를 죽임으로써 조직의 명예를 지켰다고 주장하는 경우다. 〈주간경향〉, 명예자살과 불명예자살 그리고 명예살인, 2018. 3. 27.

22 혼전 순결 유지, 성적 욕구 억제 등을 위해 여성 성기 일부를 절단하는 행위. 종교적 의식으로, 여성 본인의 의사와 상관없이 행해진다. 보통 남성의 포경수술과 비유되지만 이는 표피를 자르는 것이다. 반면 통상 여성 할례에서는 음핵 절제를 동반하는 경우가 많다. 음핵을 자르는 것은 실제로 남자의 귀두 일부를 자르는 것과 비슷하므로 영향 및 후유증의 정도가 심각하다.